ERFORDIA TURRITA
Türmereiches Erfurt

Blick über das türmereiche Erfurt. Die Aufnahme stammt aus dem Jahre 1930 und ist wohl von der am Rand des Steigerwaldes gelegenen Ausflugsgaststätte „Zur schönen Aussicht" aus entstanden.

Kerstin Richter und Rudolf Benl

ERFORDIA TURRITA

Türmereiches Erfurt

SUTTON VERLAG

In dieser 1938 von der Höhe des Ägidienturms gefertigten Aufnahme fällt der Blick auf die Wohnbebauung zwischen Futterstraße und Meienbergstraße.

Sutton Verlag GmbH
Hochheimer Straße 59
99094 Erfurt
www.suttonverlag.de

ISBN: 978-3-95400-248-1

Gestaltung und Herstellung: Sutton Verlag
Druck: Beltz Bad Langensalza GmbH

Alle Bilder stammen aus dem Bildarchiv des Stadtarchivs Erfurt.

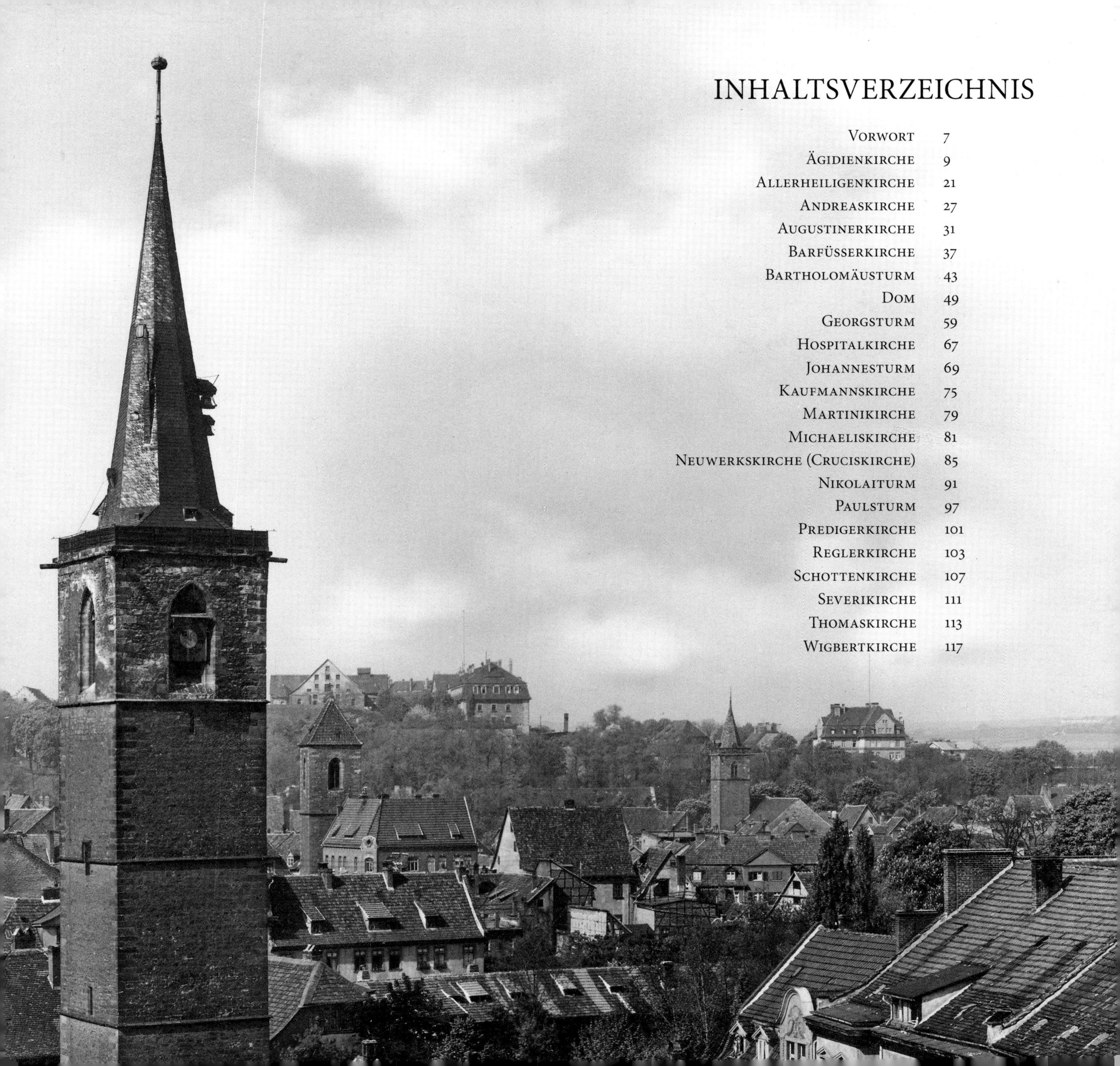

INHALTSVERZEICHNIS

Am 2. Oktober 1944 fotografierte Georg Aderhold über das vormalige Gelände des Augustinereremitenklosters hinweg auf den Dom und den Petersberg. Im Mittelgrund sieht man Häuser der Marstallstraße und am Breitstrom das vormals vom Hotel „Europäischer Hof" genutzte Gelände.

VORWORT

Die Erfurt als „Erfordia turrita“, als das türmereiche Erfurt, rühmende Bezeichnung wird gemeinhin auf Martin Luther zurückgeführt, allerdings nicht ganz zu Recht. Im Jahre 1532 sagte Luther in einer seiner Tischreden, Erfurt sei eine „civitas munitissima“. Damit bezog er sich auf die Wehrhaftigkeit der Stadt, nicht jedoch auf die Vielzahl der Türme. Allenfalls nahm er mittelbar auf die Wehrtürme Bezug, keinesfalls jedoch auf die Kirchtürme. Dennoch darf man davon ausgehen, dass die Vielzahl der Türme, die sich seinerzeit hier erhoben, auf Luther, der zehn Jahre, von 1501 bis 1511, in der Stadt lebte, einen tiefen Eindruck gemacht hat.

Da waren zum einen die Türme der zwei Stadtumwallungen, der ab dem 12. Jahrhundert errichteten inneren und der ab dem 14. Jahrhundert errichteten, auch die Vorstädte mit einschließenden äußeren. Die innere Stadtumwallung wies 17 große und 50 kleinere Türme sowie 8 Torburgen, die äußere 19 Walltürme und 8 Torburgen auf. Die Tortürme der inneren Umwallung fielen schon in der ersten Hälfte des 19. Jahrhunderts. Nach der Entfestigung der Stadt im Jahre 1873 wurde auch die äußere Umwallung restlos beseitigt, der letzte Wallturm, der am Ausfluss der Gera aus dem Altstadtgebiet stehende Krätzturm, ist noch 1967 abgebrochen worden.

Zum anderen aber und stärker noch prägten die vielen Kirchtürme das Stadtbild. Erfurt hatte zu der Zeit, da Luther innerhalb der Mauern der Stadt lebte, ein so dichtes Pfarrnetz wie keine andere deutsche Stadt. 28 Pfarrkirchen, mehr als selbst das viel volkreichere Köln, wies die Stadt auf (dabei sind die Kirche des Hospitals, die des Petersklosters und die Leonhardskirche auf dem Petersberg eingerechnet, denn auch diese drei Kirchen hatten das Pfarrrecht). Einige der Pfarrkirchen waren gleichzeitig Kirchen eines Stifts oder eines Klosters. Außerdem gab es ein Männerstift, sechs Männerklöster und ein Frauenkloster, deren Kirchen nicht mit Pfarrrecht begabt waren.

36 Kirchen zählte das Erfurt der Zeit um 1500, von den Kapellen ganz zu schweigen. Nur ganz wenige hatten keinen Turm, doch besaßen auch nur ganz wenige mehr als einen Turm. Zwei Türme wiesen die Kaufmannskirche und die Kirche des Reglerstifts auf, die auch Pfarrkirche St. Augustini war, je drei Türme die Kirche des Marienstifts und die Kirche des Severistifts. Insgesamt konnte Luther, wenn er als Student und später als Augustinermönch durch die Stadt ging, auf fast 40 Kirchtürme stoßen. Wenn er auch die Türmchen von Kapellen beachtete, noch auf einige mehr.

Im Gefolge der Reformation, der sich der weitaus größere Teil der Erfurter Einwohnerschaft anschloss, wurde das Pfarrnetz entschieden vereinfacht. Übrig blieben auf altgläubig-katholischer Seite acht Pfarreien samt jeweiliger Pfarrkirche, auf evangelisch-lutherischer Seite ebenfalls acht Pfarreien samt Pfarrkirche, wenn man die Hospitalkirche einschließt, die die Pfarrkirche für die Hospitaliten war, neun. Infolgedessen wurden viele Kirchenbauten überhaupt nicht mehr oder nur noch selten gottesdienstlich genutzt, sie waren gleichsam überflüssig geworden. Schon im 17., vor allem aber im 18. und dann auch noch im 19. Jahrhundert wurden die meisten der ehemaligen Pfarrkirchen abgebrochen, 1747 auch die als katholische Pfarrkirche genutzte Nikolaikirche an der Lehmannsbrücke. Deren Pfarrrechte wurden auf die Kirche des Schottenklosters übertragen. Von fünf Kirchen blieb zumindest der Turm erhalten: von St. Georg, St. Bartholomäus, St. Nikolai, St. Paul und St. Johannes. Die Thomaskirche in der Löberstraße, eine der acht evangelischen Pfarrkirchen, fiel 1902 der Spitzhacke zum Opfer. Für die Gemeinde war zuvor jenseits des Flutgrabens, in der Schillerstraße, eine neue Thomaskirche errichtet worden.

In diesem Buch stehen 22 Erfurter Kirchtürme im Mittelpunkt – 21 in der Altstadt gelegene Türme und der Turm der zu Beginn des 20. Jahrhunderts jenseits des Flutgrabens errichteten Thomaskirche (die jedoch Nachfolgerin einer in der Altstadt gelegenen Kirche war). Doch wird das Gewicht nicht auf die bauliche Gestalt der Türme gelegt, sondern auf die Möglichkeit der Aussicht, die sie bieten. Erfurt, wie es sich in historischen Aufnahmen darstellt, die von der Höhe von 22 Türmen gefertigt worden sind: Das ist der Gegenstand des Buches.

Die Reihung der Kirchtürme folgt dem Alphabet. Die ältesten der Fotos stammen aus den letzten Jahren des 19. Jahrhunderts, die jüngsten aus den 90er-Jahren des 20. Jahrhunderts. Die allermeisten Bilder – 82 von 147 – stammen aus dem Jahre 1944. Sie gehören zu den Fotos, die Georg Aderhold, ein ehemaliger Mitarbeiter der Stadtbibliothek Erfurt, auf Anordnung des Oberbürgermeisters in der Zeit vom Frühjahr bis zum Herbst 1944 von der Erfurter Altstadt gemacht hat. Diese war von Bomben und Luftminen damals noch kaum getroffen. Die Aufnahmen, die Aderhold nach dem November 1944 von der in Teilen zerstörten Stadt anfertigte, bilden einen Bestand von 2.551 Bildern. Sie werden im Stadtarchiv Erfurt verwahrt.

Georg Aderhold, in Naumburg/Saale geboren, war schon in jungen Jahren nach Erfurt gekommen und hatte die Schönheit der Stadt lieben gelernt. So war, zumal er auch ein ausgezeichneter Fotograf war, wohl kaum jemand zu finden, der geeigneter gewesen wäre, das Stadtbild festzuhalten, bevor es unter Umständen völlig zerstört würde. Es ist eine Ehrenpflicht, hier des Verdiensts zu gedenken, das sich Georg Aderhold durch seine fotografische Chronistentätigkeit um Erfurt erworben hat.

Der Leser dieses Buches erlebt, wenn er die 1944 und die in noch früheren Jahren „von oben" gemachten Aufnahmen betrachtet, eine dichte Erfurter Dachlandschaft von hohem malerischem Reiz. Vergleicht er diese mindestens 70 Jahre alten Fotos mit denjenigen, die später gefertigt worden sind, wird er erkennen, was für schmerzliche Wunden der Stadt im Herbst 1944 und Winter 1945, mehr noch durch flächenhafte Abbrüche ab den 1960er-Jahren geschlagen worden sind. Insofern dürften die Bilder in allen, die jenes Erfurt noch gekannt haben, eine wehmütige Erinnerung erwecken und bei den Spätergeborenen das Gefühl eines Verlusts hervorrufen, der wohl nicht mehr wiedergutzumachen ist.

ÄGIDIENKIRCHE

Die Ägidienkirche wurde 1110 als „capella“ erwähnt. 1216 war sie bereits Pfarrkirche. Nach 1293 wurde ein Neubau errichtet, dessen Turm 1327 weitgehend fertiggestellt war. Die Kirche markierte das östliche Ende der Krämerbrücke; das Gegenstück am westlichen, linken Brückenkopf war die Pfarrkirche Benedikti, von der nichts mehr zu sehen ist. Als die Bevölkerung der Stadt mehrheitlich die reformatorische Lehre Luthers annahm, ging die Ägidienkirche ins Eigentum der evangelischen Kaufmannsgemeinde über. Eine gottesdienstliche Nutzung fand nicht mehr statt. 1827 verkaufte die Kaufmannsgemeinde den Kirchenbau an einen Privatmann, 1927 ging er aus privater Hand wiederum ins Eigentum der Gemeinde über. Seit 1960 nutzt die methodistische Gemeinde die Kirche. Ihr Turm gehört mit 37 Metern Höhe (ohne den Helm) zu den höchsten der alten Erfurter Kirchen. Die Aufnahme stammt aus der Zeit um 1910.

Die 1920 vom Turm der Ägidienkirche gemachte Aufnahme ermöglicht den Blick nach Norden. Man sieht im Vordergrund die Stelle, an der die Horngasse in die Gotthardtstraße einmündet. Am linken Rand erkennt man den Nikolaiturm und den Komturhof, am rechten Rand den Johannesturm, in der Mitte zwischen den beiden Türmen das langgestreckte Satteldach der Augustinerkirche. Vor allem infolge der Abrisse, die in den 70er-Jahren des 20. Jahrhunderts erfolgt sind, bietet sich heute ein erheblich verändertes Bild. Die Häuser auf der westlichen Seite der Gotthardstraße stehen allesamt nicht mehr. Erhalten ist jedoch das Gebäude des ehemaligen Studentenkrankenhauses, das man am linken Bildrand sieht.

Die ebenfalls 1920, wahrscheinlich am selben Tage, angefertigte Aufnahme lenkt den Blick über die enge Häuserzeile der Krämerbrücke hinweg auf die Domtürme, die Türme der Severikirche und den Turm der Allerheiligenkirche. Das als Dachreiter auf dem Rathaus sitzende Türmchen weist im Vergleich mit dem 1949 aufgesetzten Türmchen noch die reichere Gestaltung auf. Im Vordergrund erkennt man das am Breitstrom stehende Burghardtsche Haus mit seinen Balustraden. Es ist erst 1961 abgebrochen worden. Die an der Einmündung der Michaelisstraße in die Marktstraße (heute Benediktsplatz) befindlichen Häuser sind 1963/65 der Spitzhacke zum Opfer gefallen.

1938 fielen einem von der Höhe des Ägidienturms nordwärts Blickenden noch Gebäude ins Auge, die heute verschwunden sind. Die rechts im Vordergrund zu sehenden, am rechten Ufer des Breitstroms stehenden Häuschen der Gotthardtstraße sind in den frühen 1970er-Jahren abgebrochen worden, das Haus Kreuzsand 4, das große Gebäude am linken Ausgang der Dämmchenbrücke, Ende der 1980er-Jahre, der rückwärtige Anbau an das Haus Dämmchen 1 im Jahre 1987. Im Hintergrund erhebt sich der Nikolaiturm, am rechten Bildrand ist der Komturhof zu sehen.

Vom Turm der Ägidienkirche schweift der Blick in dieser ebenfalls 1938 gefertigten Aufnahme nach Süden über die Gasse der Pilse hinweg bis zum Turm der Lorenzkirche. Wie das Foto erkennen lässt, befand sich schon 1938 an der Einmündung der Pilse in den Wenigemarkt das Gasthaus „Zur Börse".

Aus dem Jahre 1938 stammt auch dieses Bild. Es macht die damals viel dichtere Bebauung sehr gut deutlich. Der Blick verliert sich auf der Höhe des Petersberges; an dessen Nordabhang erhebt sich noch die einige Jahre später abgebrochene Ersatzkaserne 4. Rechts davon erkennt man die Volksschule am Gutenbergplatz. Ferner bieten sich dem Betrachter drei Türme dar: der Turm der Michaeliskirche, der Georgsturm und der Turm der Andreaskirche. In der Bildmitte sieht man das seit 1936 von der Stadtbibliothek genutzte Hintergebäude des Collegium maius. Die im Vordergrund sichtbare Flussbebauung gibt es nicht mehr, doch ist die Bursa pauperum am Kreuzsand noch heute vorhanden.

1944 hat Georg Aderhold diese Aufnahme von der Höhe des Ägidienturmes herab gefertigt. Noch steht an der Ecke von Junkersand und Schlösserstraße das Modehaus Reibstein. Die Barfüßerkirche ist unzerstört. Auch die sich flussaufwärts an die vormalige Synagoge anschließende Flussbebauung am linken Ufer des Breitstroms sollte erst später den Bomben zum Opfer fallen.

Noch nicht durch die in den 60er-Jahren des 20. Jahrhunderts entstandene Wohnscheibenbebauung am Ring gehindert, schweift der Blick in dieser ebenfalls 1944, wohl am selben Tage, entstandenen Aufnahme bis zu den Höhen des Steigers. Der Bartholomäusturm am linken Rand trug noch seinen Helm, als Georg Aderhold das Foto machte. Man erblickt ferner den Turm der Wigbertkirche und – in weiter Ferne – den der Thomaskirche.

Die im Sommer 1944 von Aderhold in die Futterstraße hinein gemachte Aufnahme ermöglicht vorn rechts den Blick auf bald danach durch Bomben zerstörte Häuser. Auf der linken Straßenseite fällt das lange Dach des „Kaisersaals" auf.

Eine Wendung um 90 Grad brachte die Kürschnergasse ins Bild. Die Häuser auf deren östlicher Seite standen noch, die Gasse war damals also viel schmaler als heute. Links trägt das Haus Kürschnergasse 25 einen steinernen Dachreiter, den das Gebäude nach der kurze Zeit später erfolgten Beschädigung heute nicht mehr zeigt.

Die eindrucksvolle Zeile der Krämerbrücke in einer Aufnahme Aderholds aus dem Jahre 1944. Im Hintergrund erkennt man in der Bildmitte den Giebel der Gaststätte „Feuerkugel“. Die sich daran links anschließenden Häuser sind 1963/65 abgebrochen worden.

Im Visier des Fotografen Aderhold waren hier der Turm der Schottenkirche, das davor gelegene Pfarrhaus und der langgestreckte Bau der Schottenschule. In der linken vorderen Ecke, der Schule gegenüber, sieht man ein Fabrikgebäude, in dem damals die Erfurter Papierwarenfabrik, eine Prägeformen- und Stanzmesserfabrik und eine Militäreffektenfabrik untergebracht waren. In späteren Jahrzehnten arbeitete dort ein lederverarbeitender Betrieb.

Zahlreiche Türme und Dachreiter fängt die Aufnahme aus dem Jahre 1966 ein: den Turm der Neuwerkskirche, den der Predigerkirche, den Paulsturm, den Dachreiter auf dem Hintergebäude des Rathauses und den auf dem Hauptgebäude, die Domtürme und die der Severikirche sowie den Turm der Allerheiligenkirche. Durch Bombenschäden und Abrisse ist die Bebauung am linken Flussufer recht schütter geworden. Das durch Fachwerk ausgezeichnete Haus Zum Paradies und Esel ist in der Mitte zu erkennen.

Auch nördlich der Krämerbrücke ist der Baubestand 1966 spärlicher als gut 20 Jahre zuvor. Noch steht aber das dreistöckige Gebäude am linken Brückenkopf der Dämmchenbrücke, das Haus Kreuzsand 4. Der Blick fällt im Hintergrund auf den Turm der Michaeliskirche und den der Andreaskirche, ferner auf den Georgs- und den Nikolaiturm.

Auch in der Kürschnergasse fiel der Blick 1966 auf erhebliche Lücken. Die Barfüßerkirche stellt sich als Ruine dar.

Eine Kirche zu Ehren aller Heiligen wurde in Verbindung mit einem Spital 1117 gegründet. Vor 1221 wurde sie Pfarrkirche. Der heutige Bau ist im Kern auf das 12. und das 13. Jahrhundert zurückzuführen. Die Kirche ging in der Reformationszeit nicht in die Hände der Lutheraner über und blieb bis 1930 katholische Pfarrkirche. Heute ist sie Filialkirche der Dompfarrei. Der Turm misst eine Höhe von 36 Meter (ohne den Helm) und gehört zu den höchsten unter den Türmen der alten Kirchen Erfurts. Die Aufnahme stammt aus dem Jahre 1896.

Die Aufnahme aus dem Jahre 1910 eröffnet den Blick in die Allerheiligenstraße. In der Mitte unten erhebt sich der Giebel des Johannes-Lang-Hauses, daneben das traufständige Haus zum Güldenen Stern. Rechts erkennt man das mächtige Dach des Collegium maius. Links vom Nikolaiturm fallen die 1872 erbauten Gebäude der Wolffschen Malzfabrik am Kochlöffel ins Auge.

Der Blick aufs Rathaus, wie ihn diese Aufnahme aus dem Jahre 1910 ermöglicht, zeigt dieses noch ohne den Sparkassenanbau. Doch erkennt man ganz am rechten Rand den Stufengiebel des vormaligen Kreisgerichtsgebäudes, das sich seit 1879 im Eigentum der Stadt befand und von dieser als Verwaltungsgebäude genutzt wurde, ein Vierteljahrhundert später aber zugunsten des Anbaus fallen musste. Die Schlote im Hintergrund zeugen vom industriellen Leben Erfurts.

Die Aufnahme von 1935 lässt eine vielgestaltige Dachlandschaft erkennen. Im Vordergrund sieht man einen Teil des Daches der Allerheiligenkirche, dahinter die enge Kirchhofsgasse und deren Einmündung in die Allerheiligenstraße, das Haus zum Schwarzen Roß mit dem sogenannten Humanistenerker und an der Allerheiligenstraße das Haus zur Engelsburg mit seinem mächtigen Dach. Dieses Gebäude, die eigentliche Erfurter Humanistenstätte, wurde 1952 abgebrochen. Links am oberen Bildrand fällt das Auge auf das Collegium maius und die Michaeliskirche.

Als 1943 diese Aufnahme entstand, füllte ein Zirkuszelt einen großen Teil des Domplatzes. Der Dom zeigt sich noch mit dem neugotischen Satteldach, das erst 25 Jahre später durch das heutige Walmdach ersetzt werden sollte. Die Dachlandschaft im Vordergrund ist heute in dieser Dichte nicht mehr zu erleben.

Der Blick nach Nordwesten – hier in einer Aufnahme aus dem Jahre 1952 – fällt auf das 1879 fertiggestellte und bezogene Landgerichtsgebäude, die ehemalige Peterskirche und die Defensionskaserne. In dem langgestreckten Kasernenbau südlich der Peterskirche ist heute das Thüringische Landesamt für Denkmalpflege und Archäologie untergebracht. In der Mitte ist die Hinteransicht des Hauses zum Einhorn zu erblicken.

1977 wurde vom Turm der Allerheiligenkirche diese Aufnahme nordwärts ins Andreasviertel hinein gefertigt. Man erkennt die Turniergasse und deren Einmündung in die Pergamentergasse. Im Vordergrund erhebt sich das Haus Turniergasse 16 (Haus zum Hirschsprung), im Hintergrund der Georgsturm.

In der 1981 gefertigten Aufnahme ist die Blickrichtung um 90 Grad gedreht. Der an der Abzweigung der Waagegasse von der Allerheiligenstraße stehende mächtige Fachwerkbau prägt das Bild ebenso wie die vier Türme: der Nikolaiturm, der Glockenturm der Augustinerkirche, der Johannesturm und der neben der Kirche geduckt wirkende Michaelisturm. Über die hier nicht erkennbaren baulichen Reste des Collegium maius geht der Blick zu dessen Hinterhaus, in dem damals die Sondersammlungen der Wissenschaftlichen Allgemeinbibliothek untergebracht waren. Rechts im Hintergrund ist das Gewerkschaftshaus sichtbar.

ANDREASKIRCHE

Die Anfänge der Pfarrkirche St. Andreas reichen ins 12. Jahrhundert zurück. Vor 1216 wurde die Kirche in den Rang einer Pfarrkirche erhoben. Der heutige Bau dürfte im Kern dem 13. und dem 14. Jahrhundert angehören. In der Reformationszeit wurde die Kirche evangelische Pfarrkirche, was sie noch heute ist. Die Aufnahme stammt aus der Zeit um 1920.

Vom 27. August 1944 datiert diese Aufnahme Aderholds. Das gewaltige an den Giebelseiten abgewalmte Dach des Ackerhofs beherrscht das Bild. Dahinter erkennt man die Moritzschule und die Baugewerkschule an der Schlüterstraße.

Eine leichte Rechtswendung ließ den Fotografen seine Kamera über die Webergasse hinweg richten. Er fing so die Horizontale vom Malzwerk der Firma Wolff bis zum Nikolaiturm ein. Dazwischen erblickt man den 1898/1900 errichteten Backsteinbau der Schule am Hügel, das 1904 eingeweihte Gebäude der Kunstgewerbeschule, den Johannesturm und die Augustinerkirche. In der Mitte sieht man die Rückansicht des Moritzhofs.

Der Georgsturm steht im Mittelpunkt dieses am selben Tage gefertigten Fotos. Ferner sieht man die Augustinerkirche, den Nikolaiturm, den Turm der Schottenkirche, den Turm der Sternwarte der Humboldt-Oberrealschule am Krämpferring und den Ägidienturm.

Aderhold richtete seine Kamera dann stadteinwärts, und es boten sich ihm zahlreiche Türme dar: der Ägidienturm, die zwei Türme der Kaufmannskirche, der Turm der Hauptpost am Anger, der Turm der Lorenzkirche, der Dachreiter des 1904/05 errichteten Rathaushinterbaus und der des Rathaushauptgebäudes, die zwei Türme der Reglerkirche, der Bartholomäusturm und der der Allerheiligenkirche. Im Vordergrund erstreckt sich der Blick über die Marbacher Gasse hinweg aufs Andreasviertel.

Der Blick auf den Domberg schweift auch über das Gelände des 1878 in Nutzung genommenen, ursprünglich für 106 Gefangene bestimmten Gefängnisses und das 1879 fertiggestellte Landgerichtsgebäude. Am rechten Rand sieht man einen der Ecktürme des in den Jahren ab 1938 errichteten Verwaltungsgebäudes an der Andreasstraße, das später die Bezirksverwaltung des Ministeriums für Staatssicherheit nutzte.

AUGUSTINERKIRCHE

Nachdem sich der Orden der Augustinereremiten 1276 in Erfurt niedergelassen hatte, entstand in der Zeit von 1286 bis gegen die Mitte des 14. Jahrhunderts die Klosterkirche. Der Glockenturm wurde erst 1432 bis 1444 errichtet. Die Kirche ging in der Reformationszeit in die Hände der Evangelischen über und wurde eine der acht evangelischen Pfarrkirchen der Stadt. Die 1945 durch Bomben entstandenen Zerstörungen an Kirche und Klostergebäuden sind überwiegend zwischen 1946 und 1957 beseitigt worden. Nicht wiederaufgebaut wurden die Bibliothek und die Waidhäuser. An deren Stelle erheben sich heute moderne Bauten. Die Aufnahme aus der Zeit um 1960 lässt auch einen Teil des Pfarrhauses der Augustinergemeinde (streng genommen der Johannesgemeinde) erkennen.

Als Georg Aderhold am 13. Oktober 1944 vom Turm der Augustinerkirche seine Kamera westwärts hielt, bot sich ihm ein Stadtausschnitt, der vom Nikolaiturm bis zu dem 1904 vollendeten Gebäude der Kunstgewerbeschule reichte. Hinter deren eindrucksvollem Dach fing er das Gebäude der Volksschule am Gutenbergplatz ein. Peterskirche und Defensionskaserne sowie Georgsturm und Turm der Andreaskirche rahmen das in den Jahren um 1940 errichtete langgestreckte Behördengebäude in der Andreasstraße mit seinen auffälligen Ecktürmen.

Am selben Tage entstand die Aufnahme des Blicks nach Osten in die Richtung der Johannesstraße und der Franckestraße. Den Mittelpunkt stellt der Johannesturm dar, nördlich davon stehen noch die kleinen Häuser, die erst 25 Jahre später verschwunden sind. Rechts des Turms erkennt man im Hintergrund das 1923 vollendete Gebäude des Arbeitsamtes der Stadt Erfurt, an der Ecke der damaligen Göbenstraße und der Schlachthofstraße stehend.

Die gleichzeitig entstandene Aufnahme bietet den Blick über den First der Augustinerkirche und die Kirchgasse hinweg auf die Gotthardtstraße, von der man die Rückansichten einiger Häuser sieht, und auf die Johannesstraße. In dieser fällt der große Bau der Druckerei und Verlagsanstalt Gebr. Richters auf, in der u.a. die „Thüringer Allgemeine Zeitung“ verlegt wurde.

Das nach Norden gerichtete Auge erblickte links in der Ferne den Turm der 1927 eingeweihten Lutherkirche in der heutigen Magdeburger Allee. In der Mitte erheben sich die Gebäude der Malzfabriken Langensalza und Wolff Söhne Erfurt am Kochlöffel. Die dem Auge näher stehenden Häuser, die einen zweigeschossigen leicht geschwungenen bzw. einen Dreiecksgiebel aufweisen, gehören zur Johannesstraße.

Ein kleiner Schwenk der Kamera Aderholds brachte im Vordergrund das in der Augustinerstraße stehende, 1930 nach einem Entwurf von Theo Kellner errichtete Sozialversicherungsgebäude mit seinem auf die Waldengasse (heute Waldenstraße) zustoßenden rückwärtigen Gebäudeteil ins Bild. Nahe dem linken Rand erkennt man im Hintergrund die Weidenmühle mit einem dessen Mitte ausmachenden Dreiecksgiebel und das fensterreiche Gebäude der ehemaligen Großen Petermühle.

Ein weiterer Schwenk führte in die Tiefe der Augustinerstraße. Rechts ein Teil des 1928/29 nach Plänen von Theo Kellner errichteten klobigen Sozialversicherungsbaus, auf der gegenüberliegenden Straßenseite das Pfarrhaus der Augustinergemeinde. Im Hintergrund sind der Andreaskirchturm, die Ersatzkaserne 4 am Nordabhang des Petersbergs, die Kunstgewerbeschule und die Hügelschule zu sehen.

Der Blick nach Westen ließ Georg Aderhold auf den Nikolaiturm und über die Augustinerstraße, die Hügelgasse und den Breitstrom hinweg auf den Georgsturm und den Andreaskirchturm blicken. Am Nordabhang des Petersbergs steht noch die Ersatzkaserne 4.

Etwa 35 Jahre später, um 1980, entstand die Aufnahme von der Einmündung der Waldenstraße in die Johannesstraße (die damalige Leninstraße). Nachdem die sich nördlich an den Johannesturm anschließenden Häuschen abgebrochen worden waren, waren in den Jahren 1970 bis 1974 dem Turm recht fremdartig gegenübertretende Plattenbauten entstanden.

BARFÜSSERKIRCHE

1224 kam ein Franziskanerkonvent nach Erfurt; zunächst lebte er außerhalb der Stadt, 1231 gründete er in der Stadt am rechten Ufer der Gera ein Kloster. Von der ersten Kirche des Konvents ist nichts mehr erhalten, sie wurde während des Stadtbrands von 1291 zerstört. Der Chor der als Ruine erhaltenen Kirche wurde 1316 vollendet. Danach entstand ab etwa 1350 das Langhaus. Dessen Einwölbung fand erst im frühen 15. Jahrhundert statt. Um 1400 wurde der Glockenturm errichtet. In der Reformationszeit ging die Kirche in die Hände der lutherisch Gesinnten über, der Ordenskonvent löste sich auf. Die Kirche wurde evangelische Pfarrkirche. 1977 wurde die Gemeinde mit jener der Predigerkirche vereinigt. Die Aufnahme entstand 1930.

Am 26. November 1944 wurde die Kirche durch einen englischen Bombenangriff weitestgehend zerstört. Wiederhergestellt wurde bis 1957 der Chor, sodass dort wiederum Gottesdienst gefeiert werden konnte. Doch ging der ganze Bau im Zusammenhang mit der Vereinigung von Barfüßer- und Predigergemeinde ins Eigentum des Rates der Stadt Erfurt über und wurde profaniert. Die Aufnahme von 1960 lässt auch auf der der Kirche gegenüberliegenden Seite der Barfüßerstraße eine Freifläche erkennen. Die dort stehenden Häuser waren ebenfalls am 26. November 1944 zerstört worden. Mittlerweile ist die Fläche mit einem Hotel überbaut.

Die von Aderhold am 27. August 1944 gefertigte Aufnahme eröffnet den Blick auf die beiden Kirchen des Dombergs, den Paulsturm und einen Teil des Petersbergs. Unterhalb desselben erkennt man das Gebäude des Landgerichts. Den Vordergrund beherrschen das Backsteingebäude der damals landläufig „Kasinoschule" genannten Volksschule und das 1905 erbaute Gebäude des vormaligen Hotels „Europäischer Hof", das als Hotel jedoch nur bis zum Ersten Weltkrieg verwendet worden war, dann von den Technischen Werken der Stadt genutzt wurde und heute nach anderen Nutzungen als Schulgebäude des Evangelischen Ratsgymnasiums dient.

Das Bild vom 17. August 1944 vervollständigt den Rundblick nach Nordosten. Es wird durch das Langhausdach der Predigerkirche bestimmt. Dahinter erkannt man den Petersberg mit Peterskirche und Defensionskaserne, das Landgericht und den Turm der Allerheiligenkirche. Die Kasinoschule und das ehemalige Hauptgebäude des Predigerkonvents füllen den Vordergrund aus.

Am 17. August 1944 richtete Georg Aderhold seine Kamera auch aufs Rathaus. Ins Auge fällt vor allem der Sparkassenanbau aus den Jahren 1934/35, hinter dessen mächtigem Dach sich der Nikolaiturm erhebt. Am linken Bildrand sieht man den Chor der Predigerkirche, am rechten Rand einen Teil der Neuen Mühle. In der Mitte erkennt man das Haus zum Breiten Herd am Fischmarkt und den verspielten Jugendstilgiebel des Hauses Fischmarkt 11, dahinter den Georgsturm.

Der Rundblick wird durch dieses Foto erweitert. Im Vordergrund drängt sich das Dach der Barfüßerschule ins Bild, den linken Rand nimmt die an der Schlösserbrücke gelegene Neue Mühle ein. Dahinter erkennt man das große Dach des Hauses, das die Erfurter als „Schirm Baldus" kannten. Am rechten Rand sieht man, angeschnitten, das Modehaus Reibstein. Dessen Eckerker ist seiner Bekrönung aufgrund von Bomben- oder Luftmineneinwirkung bereits beraubt. Türme und Kirchen bestimmen den Horizont: der Nikolaiturm, der Dachreiter des Rathaushintergebäudes, die Augustinerkirche, der Johannesturm, der Ägidienturm. Die Aufnahme entstand am 12. August 1944.

Über einen Teil des Dachfirsts der Barfüßerkirche schweift der Blick in dieser am 12. August 1944 gemachten Aufnahme auf die Türme der Kaufmannskirche, den Lorenzkirchturm, die Kuppel der Sternwarte der Oberrealschule in der Meyfartstraße und den Turm des Hauptpostgebäudes.

19 Jahre später, 1965, entstand diese Aufnahme. Von der Höhe des Barfüßerglockenturms schweift der Blick über die verbliebenen Mauern des zerstörten Kirchenschiffs, über den notdürftig erhaltenen Giebel auf den um den Cyriaksberg gelagerten Teil der Stadt. Noch stören keine Neubauten den idyllischen Charakter des Bildes. Am rechten Rand sieht man den Breitstrom und das Gebäude des vormaligen „Europäischen Hofes“, das damals als Haus der DSF genutzt wurde.

BARTHOLOMÄUSTURM

Die Bartholomäuskirche am Anger, von der nur der Turm erhalten ist, gehörte schon im 12. Jahrhundert zu den Pfarrkirchen der Stadt. In der Reformationszeit ging sie ins Eigentum der evangelischen Barfüßergemeinde über, die sie kaum noch gottesdienstlich nutzte. Der Turm wurde dann für lange Zeit der Glockenturm der Barfüßerkirche. Er war in seiner heutigen Gestalt in den Jahren 1411 bis 1464 errichtet worden. Das Kirchengebäude selbst wurde 1667/68 abgebrochen. Das an der Einmündung der Borngasse stehende Haus mit dem zweigeschossigen Erker am abgeschrägten Eck ist das Gebäude Anger 57. Es wurde damals von der Gesellschaft „Ressource“ genutzt. Später baute sich diese ein neues Heim in der Liliengasse. Durch Artilleriebeschuss wurde im April 1945 der Helm des Bartholomäusturms zerstört. Erst 1992 wurde dem Gebäude wiederum ein Helm aufgesetzt. Links eine Aufnahme aus dem Jahre 1880, rechts eine aus der Zeit um 1980.

Die Mitte dieses um 1930 angefertigten Fotos beherrscht die Barfüßerkirche. Deutlich wird, welch herrliches Bauwerk dieses Gotteshaus, das die größte der evangelischen Kirchen Erfurts darstellte, bis zu seiner Zerstörung gewesen ist. Zu sehen ist noch die Zeile der kleinen Häuser, die das Langhaus jenseits der Barfüßerstraße parallel begleiteten und ebenfalls 1944 zerstört worden sind. Im Übrigen reicht der Blick vom Domberg und dessen Kirchen über den Paulsturm, den Petersberg, die Predigerkirche, den Allerheiligenkirchturm, den Andreasturm bis zum Georgsturm.

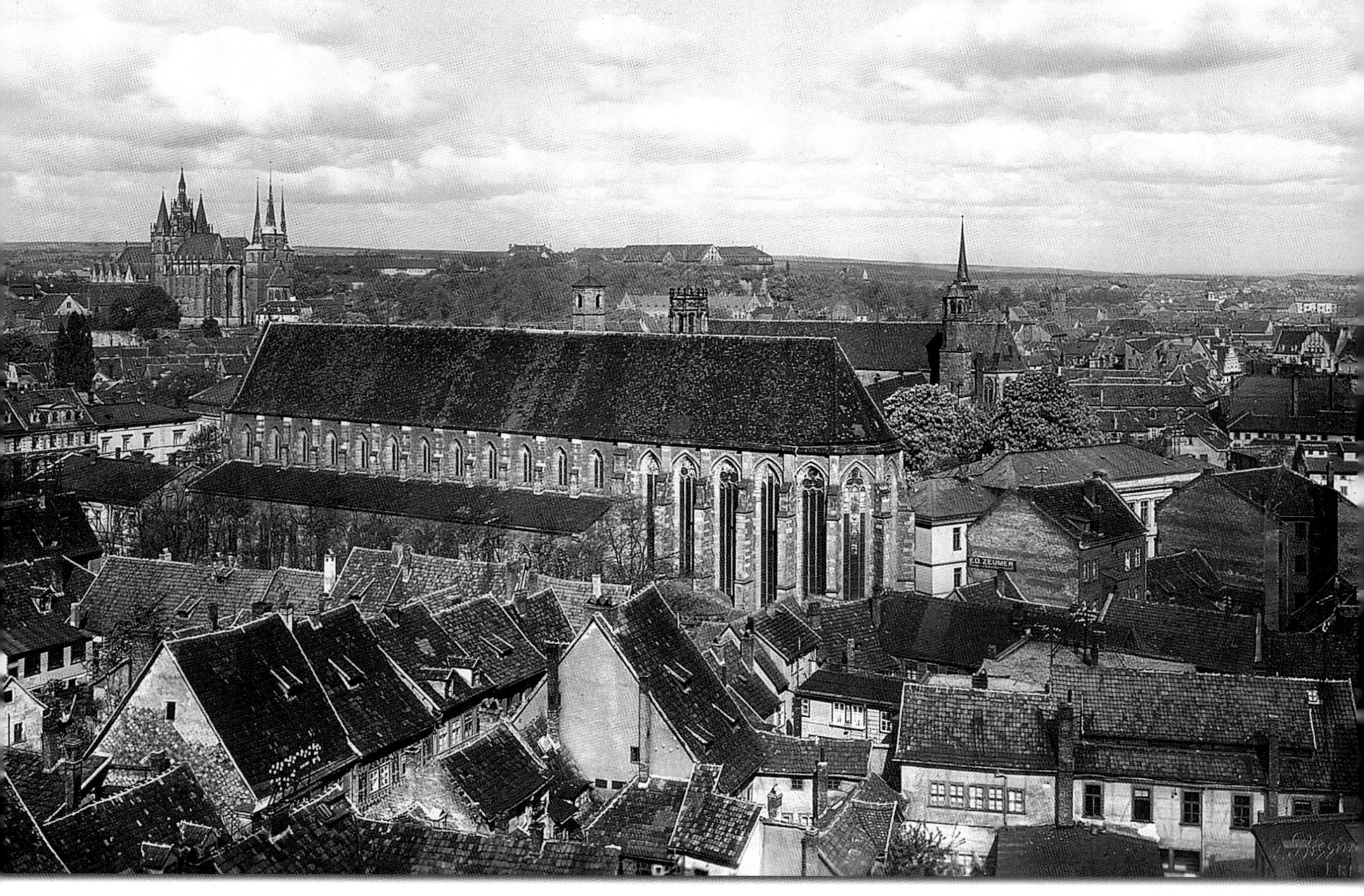

Über die Grafengasse und ihre niedrige Wohnbebauung hinweg geht das Auge in dieser Aufnahme Georg Aderholds vom 20. August 1944. Der Blick verliert sich am Nikolaiturm, am Langhausdach der Augustinerkirche, am Malzwerk am Kochlöffel, am Ägidienturm und am Johannesturm. Am linken Bildrand sind das Hintergebäude des Rathauses, das Gebäude von „Schirm Baldus" und der Zugang zur Furt an der Schlösserbrücke zu sehen.

Das ebenfalls am 20. August 1944 gefertigte Foto ermöglicht die Betrachtung eines Stadtausschnitts, der vom Lorenzkirchturm bis zum Kaufhaus „Römischer Kaiser“ am Anger reicht. Dazwischen liegen die Hauptpost und dahinter die Türme und das Schiff der Kaufmannskirche. Vom vormaligen Jesuitenkolleg in der Schlösserstraße sieht man im linken Vordergrund dessen rückwärtige Teile. Die sich an das Kolleg in Richtung Anger anschließenden Häuser sind noch nicht zerbombt.

Am selben Tage hat Georg Aderhold von der Höhe des Bartholomäusturms aufs Angermuseum gehalten, das im Mittelpunkt des Bildes steht. Hauptpost, „Römischer Kaiser“, sogenanntes Freitag-Eck am Eingang zur Bahnhofstraße (zur damaligen Adolf-Hitler-Straße) und Goetheschule in der Trommsdorffstraße – sie war im Gebäude der vormaligen Schule der Ursulinen untergebracht – nehmen den Mittelgrund ein. Im Hintergrund sieht man deutlich die städtische Oberrealschule mit seinem von der Kuppel einer kleinen Sternwarte gekrönten Turm und das Malzwerk in der Moltkestraße (heute Thälmannstraße).

Das ebenfalls am 20. August 1944 gefertigte Foto schließt räumlich an das obige an. Der Blick geht über die Häuser Anger 21 bis 23 und über das 1926 nach Plänen von W. Düwel errichtete fünfstöckige Geschäftsgebäude (heute Bahnhofstraße 45) hinweg zu den Türmen der Reglerkirche, zum Gebäude der Goetheschule und zu dem 1889 fertiggestellten Backsteinbau der Neuerbeschule. Am linken Bildrand erhebt sich die zwischen der Moltkestraße (heute Thälmannstraße) und der Radowitzstraße (heute Iderhoffstraße) angesiedelte Malzfabrik von Fritz Wolff, deren älteste Bauten aus dem 19. Jahrhundert stammten und deren jüngste, erweiternde Bauten 1930 errichtet worden waren.

Fast 50 Jahre später, im Jahre 1992, wurde diese Aufnahme angefertigt. Die Kamera ist zwar in den westlichen Teil des Angers gerichtet, lässt die Wigbertkirche, die Cruciskirche (Neuwerkskirche), das den Anger abschließende, 1899/1900 errichtete Modehaus vor dem Angerbrunnen sowie die damals noch stehenden Teile des nie fertiggestellten Hauses der Kultur am Hirschgarten erkennen, doch beherrschen die Riegel der Wohnscheiben am Ring das Bild.

DOM

Ein Chorherrnstift St. Marien wurde vielleicht schon 1030, spätestens jedoch 1119 erstmals urkundlich erwähnt, reicht aber möglicherweise ins erste Jahrtausend zurück. Der Dom, die Stiftskirche dieses Kapitels, vereinigt in seiner heutigen Gestalt Bauteile aus dem 13. Jahrhundert (Türme) über das 14. Jahrhundert (Chor) bis zum 15. Jahrhundert (Langhaus). Der hochgotische Chor wurde 1371 geweiht, das Langhaus entstand zwischen 1455 und 1465. Die heutigen Turmhelme, die Fialen der Türme und Teile der Brüstung sind erst während der 1835 bis 1854 durchgeführten Restaurierung entstanden. Der Dom war seit jeher nicht nur Stiftskirche, sondern auch eine der Pfarrkirchen der Stadt. Das Stift wurde 1837 aufgehoben. Seit 1994 ist der Dom Kathedralkirche des Bistums Erfurt. Die Aufnahme entstand 1989.

Die um 1960 aufgenommene Fotografie zeigt noch das erst 1853 auf das Langhaus aufgesetzte Satteldach samt den quer gestellten Satteldächern mit Giebeln über den Seitenschiffjochen. Wenige Jahre später, 1968/69, erhielt der Dom im Zuge einer Sanierung wieder ein Walmdach, wie er es ursprünglich besessen hatte. Dabei wurde auch das 1870 in die Westfassade eingesetzte Marienbild aus Mosaiksteinen entfernt.

Um 1888 entstand die weit ins Krämpferfeld hinein gerichtete Aufnahme. Dieses ist noch unbebaut. In der Mitte hebt sich deutlich das Backsteingebäude zwischen Marktstraße und Kleiner Arche ab, das damals vom Königlichen Realgymnasium („Zur Himmelspforte") genutzt wurde. Ein wenig rechts davon ist der helle Giebel der Magdalenenkapelle sichtbar, dahinter die heute verschwundenen rückwärtigen Gebäude des Ratskellers. Das Rathaus, neben dem noch das alte Kreisgerichtsgebäude mit seinem Stufengiebel zu erkennen ist, und der Ägidienturm lenken den Blick weiter ostwärts. Das linke der beiden in Neurenaissance-Formen gehaltenen hohen Häuser am Domplatz beherbergte die Weißwarenhandlung Pinthus, das rechte den Bäcker Vogler. Später kamen die Häuser in den Besitz der Sparkasse, die sie noch heute nutzt. Die Fassaden sind stark vereinfacht.

Im Vordergrund der um 1890 entstandenen, nach Süden gerichteten und den Steiger einschließenden Aufnahme liegt das Gebiet um den Fischersand. Das schmale Gebäude mit Mansarddach sowie das sich links anschließende große Gebäude – bis 1991 wurde darin das „Thüringer Tageblatt" verlegt – sind noch vorhanden. Das Dächergewirr zwischen Domplatz, Kasinostraße (seit 1938 Meister-Eckehart-Straße) und Hirschgarten bestimmt den Eindruck. Die Sackpfeifenmühle befindet sich nahe dem vorderen linken Eck. Durch Abbrüche ist das Gebiet stark verändert. Am linken Rand sind der Bartholomäusturm und das helle Gebäude des damals als Offizierskasino, heute als Gebäude der Stadtverwaltung, genutzten ehemaligen Augustinerklosters zu erkennen. Rechts daneben die Wigbertkirche. Im Hintergrund links ist der alte Bahnhof mit seinem im Stil der italienischen Renaissance gehaltenen Turm zu sehen. Rechts im Hintergrund die alte Thomaskirche an der Löberstraße, jenseits der Löberstraße die Kessel des Gaswerks.

Wohl gleichzeitig ist die Aufnahme entstanden, deren Bildausschnitt sich teilweise mit dem der vorstehenden Aufnahme deckt. Am linken Rand erkennt man die Paulstraße, den Paulsturm, die Predigerkirche, die Kasinoschule und den Turm der Hauptpost.

Die Aufnahme Georg Aderholds aus dem Jahre 1944 hat vorwiegend den nördlichen Teil der Altstadt im Blick und reicht weit ins Krämpferfeld und ins Johannesfeld hinein. Der Georgsturm, die Hügelschule, die Kunstgewerbeschule, der Nikolaiturm, der Johannesturm und der Allerheiligenturm rahmen das vordere Bild gleichsam. Der Löschwasserteich auf dem Domplatz macht deutlich, dass Erfurt damals in jeder Nacht in der Gefahr stand, zerstört zu werden.

Am 24. September 1944 richtete Aderhold seine Kamera auf die Hochheimer Pforte zwischen Steiger und Cyriaksberg. Ins Blickfeld gerieten im Vordergrund die Dompropstei (heute Bischöfliches Ordinariat) am Herrmannsplatz, das Dach des „Aktienbades", des sogenannten Herrmannsbades, und die Häuser an der Holzheienstraße. Noch ist das Piushaus des Priesterseminars nicht vorhanden. Im Hintergrund markiert den rechten Bildrand die in der Cyriakstraße gelegene prächtige Villa, die sich der Fotograf Karl Festge um die Jahrhundertwende, hatte erbauen lassen. Die 1883 eingeweihte evangelische Kirche von Hochheim ist knapp unterhalb der Horizontlinie zu erkennen.

Die Aufnahme von 1965 bringt dagegen bereits das in den Jahren 1954 bis 1956 als Gebäude des Priesterseminars errichtete Piushaus in den Blick. Noch fehlt der Anbau mit der Kapelle; er wurde erst 1985 erstellt.

Im Vordergrund der 1960 angefertigten Aufnahme stehen der Paulsturm und die Predigerkirche. Hinter dem Dach der Kirche zeichnet sich das sogenannte Reibstein-Eck ab, die Freifläche, in der bis 1945 das Modehaus Reibstein und dann bis zur Abräumung dessen Ruine gestanden hatte. Die Türme der Kaufmannskirche, der Lorenzkirchturm und der Turm der Hauptpost bilden einen Rahmen. Links vom Postturm erkennt man das Dach der Kirche des Ursulinenklosters. Weit im Hintergrund befinden sich die Baulichkeiten des Elektrizitätswerkes. Die Höhe des Ettersbergs schließt das Bild ab. ▸

Über das Domdach hinweg schweift der Blick in dieser 1965 von einem der Domtürme herab gefertigten Aufnahme über das Brühl, also im Wesentlichen über das Gelände des VEB Optima, hinweg bis zur Martinikirche, über die ehemalige Martinskaserne bis zur Gothaer Landstraße. Nur wenige der nördlich der Mainzerhofstraße gelegenen Gebäude stehen noch heute: das Heizwerk, der breite Bau mit dem mittigen Dreiecksgiebel und den blockhaften Seitenteilen, das ehemalige Gebäude 16 mit Reparaturwerkstatt und Lackiererei, und das im Vordergrund zu sehende, heute von der LEG genutzte Gebäude. Auch der in der Aufnahme links vom Heizwerk zu sehende Bau mit dem Mansarddach ist teilweise noch erhalten.

1965 ist die Aufnahme entstanden, in deren Mittelpunkt die Farbengasse steht. Man erkennt nahe am linken Rand den Bau des damaligen Schauspielhauses im Klostergang. Dahinter erheben sich Turm und Schiff der Neuwerkskirche (Cruciskirche), noch weiter stadtauswärts streckt sich der Turm der Thomaskirche empor. Recht nahe dem unteren Rand fällt das Dach der Brunnenkirche ins Auge, gegenüber, also rechts vom Walkstrom, den man jedoch nicht sieht, erkennt man das Hauptgebäude der 1856 gegründeten Volkschen Erziehungsanstalt. Darin ist jetzt die Bildungsstätte St. Martin untergebracht, damals wurde es jedoch als Unterkunft für Seminaristen des Priesterseminars genutzt. Am rechten Rand ist das Gebäude des Katholischen Waisenhauses angeschnitten. Zwischen der Neuwerkskirche und diesem befindet sich der damals als Orthopädische Klinik genutzte Backsteinbau. ►

Die Aufnahme aus dem Jahre 1972 lässt zwischen Domplatz und Großer Arche noch eine dichte Quartierbebauung erkennen, die dann in den 1980er-Jahren überwiegend abgebrochen worden ist. Deutlich hebt sich der Waidspeicher heraus, in dem heute ein Kabarett und ein Puppentheater untergebracht sind. Der Nikolaiturm, der Johannesturm, der Schottenkirchturm und der Ägidienturm umgrenzen den Innenstadtbereich, jenseits dessen sich die zwei 1968 als erste Hochhäuser in der Innenstadt errichteten, heute bereits wieder verschwundenen Gebäude des „Tourist-Hotels“ erheben.

Das nur drei Jahre später, 1975, entstandene Bild lässt noch deutlich erkennen, welche Wandlung das Stadtbild innerhalb kürzester Zeit durch die teils breit gelagerte, teils in die Höhe strebende Bebauung des Ringbereichs erfahren hat.

GEORGSTURM

1132 oder kurz zuvor gründete ein Ministeriale des Erzbischofs von Mainz namens Witelo eine dem hl. Georg geweihte Kirche. Wahrscheinlich schon 1182, spätestens jedoch 1227 war diese Kirche Pfarrkirche. Im letzten Viertel des 13. Jahrhunderts wurde ein Neubau errichtet, der wohl 1308 beendet war. In der Reformationszeit ging die Kirche in die Hände der Evangelischen über. Sie gehörte nun der evangelischen Michaelisgemeinde, wurde kaum mehr gottesdienstlich verwendet und verfiel. In der Mitte des 17. Jahrhunderts wurde sie bis auf den Turm abgerissen, der der Michaelispfarrei als Glockenturm diente. Die Aufnahme aus der Zeit um 1900 ist aus der damals, vor dem Bau des Moritzhofes, viel schmäleren Moritzgasse (heute Moritzstraße) in die Michaelisstraße hinein gemacht worden. Der Standort war ungefähr die Höhe der Ziegengasse.

Der Standort des Fotografen, der 1912 diese Aufnahme schoss, war wahrscheinlich ein Fenster der Kunstgewerbeschule in der Hügelgasse. Das noch heute stehende, prägende hohe Gebäude am linken Bildrand ist das Haus Michaelisstraße 21.

Die Aufnahme, die Georg Aderhold am 12. Oktober 1944 gefertigt hat, ermöglicht den Blick in die Marbacher Gasse, auf die Peterskirche, die Defensionskaserne und die Andreaskirche. Unterhalb des Petersbergs lagert sich das kurz zuvor fertiggestellte, in schlichtem Neubarock gehaltene Behördengebäude. Hinter dem Turm der Andreaskirche erhebt sich die Ersatzkaserne 4. ▸

Am 20. Oktober 1944 fotografierte Aderhold in die Marbacher Gasse hinein. Trotz des Krieges hatte der Bewohner des Obergeschosses des mittleren Hauses es sich nicht nehmen lassen, die Fensterbretter mit Blumen zu schmücken.

36 Jahre später, am 8. August 1990, entstand dieses Bild, das den Blick vom Georgsturm herab auf den sich von der Ecke der Moritzstraße und der Marbacher Gasse bis zur Webergasse hinziehenden, 1922 errichteten Moritzhof eröffnet. Am rechten Rand ist die Hügelschule zu sehen.

Im Vordergrund ist die Stelle auszumachen, an der die Weiße Gasse von der Marbacher Gasse abzweigt. Im Hintergrund fällt das mächtige Dach des Ackerhofes auf, über dessen westlichem Teil das Hochhaus der Stomatologischen Klinik zu erkennen ist. Der gedrungene Turm im Mittelgrund gehört zu dem kurz vor dem Ersten Weltkrieg errichteten Haferspeicher. Dieser wird jetzt als Pflegeheim genutzt, der Turm steht jedoch nicht mehr. Die Aufnahme entstand am 8. August 1990.

◂ Die am 8. August 1990 entstandene Aufnahme fängt im Vordergrund einen Teil der Georgsgasse, dann die im rechten Winkel dazu verlaufende Marbacher Gasse und im Mittelgrund die auf das vormalige Gebäude der Bezirksverwaltung des Ministeriums für Staatssicherheit zulaufende Webergasse ein. An der Einmündung der Webergasse in die Andreasstraße erhebt sich die Andreaskirche, am rechten Bildrand das 1977 für die Bezirksverwaltung des Ministeriums für Staatssicherheit errichtete Gebäude.

Ein Blick in die Marbacher Gasse ließ am 8. August 1990 erkennen, dass bereits versucht wurde, einigen der verbliebenen Häuser Hilfe in letzter Minute angedeihen zu lassen. Im Hintergrund die Andreaskirche und die Webergasse, in der die Lücken besonders zahlreich waren.

Ein Schwenk der Kamera brachte am selben Tage die beiden Kirchen auf dem Domberg ins Bild. Auffällig reckt sich das Dach des Hauses zum Einhorn empor, der Stätte der damaligen Wissenschaftlichen Allgemeinbibliothek der Stadt Erfurt.

HOSPITALKIRCHE

Das 1223 auf dem Fischmarkt gegründete Hospital, das in Verbindung mit der Pfarrkirche Martini intra stand, wurde noch im 13. Jahrhundert samt der Kirche an die Langen Stege (Schlösserbrücke) verlegt. 1385 siedelte man es erneut um, und zwar an den jetzigen Standort vor dem Krämpfertor. Die Spitalkirche zum Heiligen Geist entstand 1385 bis 1388. 1399 wurde das Spital unter Herauslösung aus der Pfarrei Gregorii (Kaufmannskirche) zur Pfarrkirche erhoben. Von den im Mittelalter entstandenen Hospitalgebäuden ist nichts mehr enthalten, die späteren Gebäude entstammten dem 16. Jahrhundert und der Barockzeit. Das Steinhaus am Krämpferring wurde 1924 abgebrochen und durch einen als Altersheim zu nutzenden Bau nach Plänen des Stadtoberbaurats Johannes Klaß ersetzt. Die Hospitalkirche wurde in der Reformationszeit evangelische Pfarrkirche und blieb dies bis 1920. Heute ist die Kirche profaniert. Die Aufnahme aus dem Jahre 1906 zeigt die Kirche, den Turm und eines der am Hospitalplatz gelegenen Pfründnerhäuser. Links vom Dach der Pfründnerhäuser ist der Giebel des Steinhauses zu erkennen.

Dem nordwärts gerichteten Auge von Georg Aderhold bot sich am 15. August 1944 der Anblick des Hospitalplatzes und des Verlaufs der Hospitalgasse bis zu deren Einmündung in die Krämpferstraße. Das 1909 fertiggestellte hochragende Gebäude der städtischen Humboldt-Oberrealschule versperrt den Blick in den Krämpferring, von dem rechts von der Schule nur ein kleiner Ausschnitt zu sehen ist. Im vorderen rechten Eck schiebt sich das Dach eines der Pfründnerhäuser ins Bild. Rechts im Mittelgrund erkennt man die Grünanlagen am Krämpferring. Am rechten Rand ist noch ein Teil des Kaufhauses „Römischer Kaiser" zu sehen. Die beiden schönen, sich an das Kaufhaus anschließenden Gebäude sind erst 1998 abgebrochen worden.

Dem nordwärts gerichteten Auge bot sich in diesem 21 Jahre später, im Jahre 1965, entstandenen Foto ebenfalls der Blick in die Hospitalgasse und auf die Krämpferstraße. Vom Schulgebäude ist nur noch ein wiederhergestellter, kleiner Rest übrig geblieben. Jenseits der Häuserzeile der Krämpferstraße erkennt man die Stelle, an der der Krämpferring auf die querende Meyfartstraße stößt. Auf der westlichen Seite der Hospitalgasse heben sich das Dach der giebelständigen Kapelle des Kleinen Hospitals und das lange, traufständige Gebäude des 1869 errichteten Mittelhospitals ab. Die Gasse samt dem Kleinen Hospital sind 1968 beseitigt worden. Nicht mehr eine kleinteilige Bebauung, sondern Wohnscheiben und Hochhäuser prägen nun das Gebiet.

JOHANNESTURM

Eine dem hl. Johannes dem Täufer geweihte Kirche war vielleicht schon 1182 Pfarrkirche. Mit Sicherheit war die Kirche 1258 mit den Pfarrrechten begabt. Der Kirchenbau, der dann bis 1811 bestand, wurde in den Jahren 1469 bis 1486 errichtet. Bei der Einführung der Reformation wurde die Kirche der neu entstandenen evangelischen Gemeinde zugeschlagen, deren Pfarrkirche die bisherige Klosterkirche der Augustiner war. Diese Gemeinde führt seitdem die Bezeichnung „Johannesgemeinde“, wird aber gemeinhin als „Augustinergemeinde“ bezeichnet. Die Inspektion der Gemeinde verkaufte den Kirchenbau 1811 zum Abbruch. Nur der Turm blieb als Glockenturm der Johannesgemeinde erhalten. Die Aufnahme muss vor 1970 entstanden sein. Die Plattenbauten, die sich heute nördlich an den Turm anschließen, sind erst zwischen 1970 und 1974 entstanden.

Die Türme von sechs Kirchen sind auf diesem am 24. Juni 1944 von Georg Aderhold gefertigten Foto zu sehen. Fast genau im Mittelpunkt sieht man das Gebäude der Schottenschule, das 1859 für die damalige Kriegsschule errichtet worden ist, rechts daneben das hochragende Fabrikgebäude in der Schottenstraße.

Am selben Tage entstand die Aufnahme in die Johannesstraße hinein. In der Mitte ist die Einmündung der Kohlgrube zu sehen, im Vordergrund die Waldengasse. Das große Gebäude mit den Giebeln ist in der Talstraße für die Volksschule II (Andreasschule) errichtet worden und war 1894 fertiggestellt. 1944 war die städtische Höhere Handelsschule darin untergebracht. ▸

Ebenfalls am 24. Juni 1944 hat Aderhold seine Kamera auf die Gebäude der Malzfabriken Langensalza und Wolff Söhne Erfurt am Kochlöffel gerichtet. Im Vordergrund sieht man ein Gebäude der Lampenfabrik Kästner und Töbelmann. Rechts davon erkennt man den Betraum der katholisch-apostolischen Gemeinde. Im Hintergrund erhebt sich links von der Mitte der Turm der Lutherkirche.

Die Türme von sieben Kirchen sowie den Nikolaiturm fängt das Foto aus dem Jahre 1950 ein. Vor allem lässt es die schweren Zerstörungen erkennen, die dem Augustinerkloster 1945 zugefügt worden waren. Unbeschädigt scheint jedoch der Komturhof zu sein, der links vom Dach der Augustinerkirche zu sehen ist.

1987 bot die Gegend nach flächenhaftem Abriss ein völlig verändertes Bild. Nur weniges war stehen geblieben. Im linken oberen Eck erkennt man einen kleinen Gebäudeteil des Schulhauses an der Weidengasse (Hügelschule).

KAUFMANNSKIRCHE

Die Kaufmannskirche dürfte eine sehr alte Pfarrkirche sein. Der Patron der Kirche ist der hl. Gregor der Große, Papst von 590 bis 604. Überlegungen, die die Kirche bis in die Zeit des hl. Bonifatius zurückführen, sind ungesichert. Der heutige Bau dürfte im Kern nach 1291 entstanden sein. In der Reformationszeit nahm die Gemeinde das evangelische Bekenntnis an. 1522 predigte Luther in der Kirche, die fortan evangelische Pfarrkirche war. Die Aufnahme stammt aus der Zeit um 1950. Die links von dem 1928 entstandenen, später als Poliklinik genutzten Bau stehenden Häuser sind 1969/70 abgebrochen worden.

Am 4. September 1944 richtete Georg Aderhold seine Kamera von einem der Türme der Kaufmannskirche auf die Kaufmännergasse. In den Blick gerieten die hinteren Teile des Postgebäudes. An diesem sind schwere durch Bomben oder Luftminen verursachte Schäden festzustellen. Das Geschäftsgebäude der Firma J. C. Schmidt in der Pilse war am 20. Juli 1944 völlig ausgebrannt, man sieht nur noch die Umfassungsmauern. Das lange Dach am linken Bildrand gehört zum Gebäude der Eisengießerei Queva & Co. am Junkersand.

Der Blick Aderholds ging hier über die Krämpferstraße hinweg zur Humboldt-Oberrealschule am Krämpferring. Auffällig ist die Kuppel der Schulsternwarte. Vom Schulgebäude ist heute nur noch ein kleiner Kern vorhanden. Durch flächenhafte Abrisse ist das Gebiet später völlig verändert worden. Die am rechten Bildrand vor dem Schulgebäude zu sehende vormalige Krämpfermühle ist 1970 abgebrochen worden.

Ebenfalls am 4. September 1944 entstand die Aufnahme, in deren Mitte die Reglerkirche zu erkennen ist. Im Vordergrund links der Eingang zum Ursulinenkloster, daneben die ehemalige Kommandantur. Der Löschwasserbehälter auf dem Anger macht die Umstände deutlich, unter denen die fotografischen Aufnahmen Aderholds gefertigt wurden.

Die Kamera Aderholds war bei diesem Bild in die Johannesstraße hinein gerichtet. Man erkennt in der Mitte das Haus zum Stockfisch und daneben das Haus zum Mohrenkopf, weiter hinten das Alhambra-Kino, das 1924 eröffnet worden war und an der Stelle des 1914 abgebrochenen Hauses zum Lilienfaß stand, und schließlich den hohen Bau der Firma Gebr. Richters Verlagsanstalt.

MARTINIKIRCHE

Die Anfänge der Martinikirche im Brühl reichen sicherlich ins 12. Jahrhundert zurück, doch ist ihre Existenz erst für das Jahr 1225 belegt. Zum Jahre 1248 ist erstmals ein Pfarrer an St. Martini nachweisbar. Nicht lange vor 1309 siedelte sich an der Kirche ein Zisterzienserinnenkonvent an, der zuvor in der Krämpfervorstadt gelebt hatte. Die Kirche war nun gleichzeitig Pfarrkirche für das Brühl und Klosterkirche für den Frauenkonvent. Das heutige Kirchengebäude ist im Kern der nach dem Stadtbrand von 1472 errichtete Neubau, doch fanden nach 1755 eingreifende Änderungen statt. 1817 mussten die Klosterfrauen ins Neuwerkskloster übersiedeln, 1819 wurde der Konvent aufgehoben. Die Klostergebäude wurden zunächst militärisch, später von der Postverwaltung genutzt. Seit 2012 ist die Kirche Filialkirche der Severigemeinde. Ihr Turm ist mit nur 23 Meter Höhe (ohne Helm) der niedrigste der alten Erfurter Kirchen. Die Blickachse der Aufnahme von 1958 bildet die Martinsgasse. Im Hintergrund schiebt sich ein Teil des damals von der Deutschen Post genutzten Klostergebäudes vors Auge.

Am 9. Oktober 1944 bot sich Georg Aderhold vom Turm der Martinikirche aus dieser Blick auf die Kirchen des Dombergs. Der zweigeschossige Backsteinbau in der Mainzerhofstraße war das Hauptgebäude der Königlichen Gewehrfabrik gewesen und wurde nun von der Firma Olympia genutzt. Die Ruinen des Gebäudes wurden nach dem Kriege abgetragen. Das vom linken Bildrand abgeschnittene helle Gebäude war ebenfalls ein Betriebsgebäude, wurde aber erst 1998 abgerissen. Im Hintergrund hebt sich der Nikolaiturm ab.

Bei der in südöstlicher Richtung gefertigten Aufnahme vom 9. Oktober 1944 über die Dächer der Südstadt hinweg sticht vor allem der Thomaskirchturm ins Auge. Am Steigerrand fallen in der linken Bildhälfte das Standortlazarett und die 1939 errichtete Thüringenhalle auf, in der rechten Bildhälfte die Gagfah-Häuser in der Landgrafenstraße (heute Martin-Andersen-Nexö-Straße).

MICHAELISKIRCHE

Die Michaeliskirche wurde zwischen 1183 und 1200 als eine der Pfarrkirchen der Stadt Erfurt gegründet. Der Bau des heutigen Hauptschiffes der Kirche erfolgte im letzten Viertel des 13. Jahrhunderts. Im Oktober 1522 hielt Martin Luther eine Predigt in der Kirche, die eine der evangelischen Pfarrkirchen der Stadt wurde. 1530 wurde Johannes Lang, der als Reformator Erfurts gilt, Pfarrer an der Michaeliskirche. Heute ist sie die Kirche der Evangelischen Stadtmission. Aus der Studentengasse heraus entstand diese Aufnahme um 1920.

Über die Häuser an der Waagegasse hinweg ging am 13. Oktober 1944 der Blick des Fotografen, Georg Aderhold, in Richtung Fischmarkt. In der Mitte schiebt sich das mächtige Dach des Hauses Fischmarkt 11 vors Auge. Auf dem Dach ist eine Sirene angebracht. Links davon ist vor dem langgestreckten Dach der Predigerkirche die Steinfigur zu sehen, die das Haus zum Breiten Herd krönt. Näher am Betrachter ergibt sich ein Blick in den Barockhof hinter dem Breiten Herd und dem Gildehaus. Am rechten Bildrand erhebt sich der neugotische Giebel des zwischen Marktstraße und Kleiner Arche gelegenen Schulhauses. Der Paulsturm und der Turm der Neuwerkskirche machen den Hintergrund aus.

Am selben Tage fotografierte Aderhold in die Michaelisstraße hinein und brachte einen guten Teil von deren östlicher Seite ins Bild. Diese Seite lässt noch ein paar Häuser erkennen, die wenig später durch Bomben vernichtet worden sind. Das 1865 errichtete große Gebäude Michaelisstraße 44 mit den zahlreichen Fenstern, das sich an der Stelle erhob, an der bis 1758 das Gebäude des Collegium portae coeli gestanden hatte, hielt sich – allerdings mit stark vereinfachter Vorderfront – noch bis 1997.

Schon am 10. Oktober 1944 war – bei schönstem Wetter – die nordwärts gerichtete Aufnahme entstanden, die im Vordergrund das Rückgebäude des Collegium maius ins Bild brachte. Es wurde seit 1936 als Magazin der Stadtbibliothek genutzt. Jenseits des Breitstroms sieht man die Kunstgewerbeschule und den Nikolaiturm. Ganz im Hintergrund erhebt sich der Turm der Lutherkirche.

NEUWERKSKIRCHE (CRUCISKIRCHE)

1196 siedelte sich ein bereits bestehendes Kapitel von Augustinerchorfrauen an der in der Neustadt, im „Neuen Werk“, liegenden Cruciskirche (Heilig-Kreuz-Kirche) an. Von der Lage rührt der zweite Name der Kirche: Neuwerkskirche, „Novi Operis“. Spätestens 1285 war diese Kirche auch Pfarrkirche; vielleicht war sie dies sogar schon vor der Verlegung des Kapitels hierher gewesen. Der heutige Bau der Kirche stammt aus der ersten Hälfte des 18. Jahrhunderts. Das Kapitel wurde 1819 aufgehoben. Die Klostergebäude wurden 1881 abgebrochen. Die Kirche ist seit 2012 Filialkirche der Wigbertpfarrei. Auf der Fotografie aus dem Jahre 1930 befindet sich links ein Gebäude, das 1936 durch einen von Max Brockert entworfenen Verwaltungsbau ersetzt worden ist. Im Klostergang ist das im 19. Jahrhundert für die Kreisverwaltung des Landkreises Erfurt erbaute Gebäude zu sehen, an der Ecke von Klostergang und Regierungsstraße das Restaurant von Horst Kohl. Das Verwaltungsgebäude an der Ostseite des damaligen Kaiserplatzes war im 19. Jahrhundert Sitz der Generalinspektion des Thüringischen Zoll- und Handelsvereins, nach 1890 der Generaldirektion des Thüringischen Zoll- und Steuervereins gewesen.

Am selben Tage nahm Aderhold das in der Gabelung zwischen Viktoriastraße (heute Puschkinstraße) und Dalbergsweg gelegene Café „Hohenzollern“ (heute „Presseklub“) ins Visier. Im Dalbergsweg schließt sich an das Café die 1836 erbaute Villa Petersen an. Nach einigen Besitzerwechseln diente sie von 1963 bis 1982 dem Katholischen Krankenhaus als Schwesternheim. Heute wird sie gewerblich genutzt.

◂ Am 9. Oktober 1944 richtete Georg Aderhold seine Kamera vom Turm der Cruciskirche nordostwärts über die Innenstadt. Der Blick ging über die Regierungsstraße an der Stelle hinweg, an der sie sich biegt. Den Mittelgrund bilden die Allerheiligenkirche, der Paulsturm, die Predigerkirche und das vormalige Hotel „Europäischer Hof“ an der Meister-Eckehart-Brücke (Kasinobrücke), den Hintergrund der Nikolaiturm, der Johannesturm, das Augustinerkloster, das Rathaus, der Ägidienturm sowie der Schottenkirchturm.

In diesem gleichzeitig aufgenommenen Bild streift der Blick einen Teil des Kirchendachs und fällt auf die rückwärtigen Teile des 1936 errichteten Verwaltungsgebäudes, geht über die in der Lutherstraße stehenden Häuser hinweg und stößt dann auf die Rückseiten von in der Theaterstraße stehenden Wohnhäusern. Im Hintergrund die Senke zwischen Cyriaksberg und Brühler Herrenberg.

Diese Aufnahme Aderholds erfasst links noch den First des Kirchendachs und nimmt dann vor allem das 1880 für das Lehrerseminar errichtete Gebäude in der Regierungsstraße in den Blick. Nach langjähriger Nutzung durch die Orthopädische Klinik und langem Leerstand beherbergt es heute eine evangelische Grundschule. Hinter dem Dach dieses Gebäudes sind das Katholische Waisenhaus und das Heizwerk der Firma Olympia zu sehen. Rechts befindet sich die Einmündung der Farbengasse in die Regierungsstraße.

Eine kleine Verrückung des Standorts nach rechts bannte den Petersberg und, an dessen Fuß, das Fertigungsgebäude der Firma Olympia auf Zelluloid.

Eine weitere Standortveränderung machte die zwei Kirchen auf dem Domberg zum Blickpunkt. Man sieht ferner das Landgerichtsgebäude, den Andreasturm und das hochragende Haus zum Einhorn (Domplatz 1). Das auffällige Backsteingebäude nahe dem linken Bildrand ist das Haus Fischersand 26/27. Das Gebäude mit den zwei Dreiecksgiebeln im Vordergrund wird heute von der Caritas genutzt.

NIKOLAITURM

Eine dem hl. Nikolaus geweihte Kirche wurde erstmals 1212 erwähnt. 1289 oder 1290 erwarb der Deutsche Orden, der schon 1252 ein Haus in Erfurt besessen hatte, das Patronat der Nikolaipfarrkirche. Die Pfarrei wurde nun von Deutschordenspriestern versorgt. Der Turm der Kirche stand als gesondertes Bauwerk, vom Kirchenschiff abgesetzt, auf der anderen Straßenseite. Er wurde ab 1360 innerhalb kurzer Zeit errichtet. Im Jahre 1747 wurde die baufällig gewordene Kirche mit Ausnahme des Turms abgebrochen. Die Pfarrrechte waren schon 1744 auf die Klosterkirche St. Jakob der Schottenmönche übertragen worden. Am 12. Juni 1944 fertigte Georg Aderhold diese Aufnahme aus der Hügelgasse heraus. Die linker Hand stehenden Häuschen sind im Zuge der Vorbereitung der Neubebauung des sogenannten Huttenplatzes in den 80er-Jahren des 20. Jahrhunderts abgebrochen worden.

Die wohl kurz vor 1900 von der Höhe des Nikolaiturms gemachte Aufnahme eröffnet die Aussicht in das noch kaum bebaute Krämpferfeld. Die nördliche Seite des innerhalb des Flutgrabens gelegenen Teils der Schlachthofstraße (heute Franckestraße) ist ebenfalls noch nicht bebaut. Das im linken vorderen Eck angeschnitten zu sehende Haus sollte gut ein Vierteljahrhundert später dem Sozialversicherungsgebäude weichen. Im Hintergrund ist der 1880 vollendete alte Schlachthof zu erkennen.

Am 4. September 1944 bot sich Georg Aderhold bei sonnigem Wetter ein freier Blick über das Augustinerkloster hinweg bis zum Ringelberg. Kloster und Kirche waren kurz zuvor unter der Leitung von Theo Kellner ab 1936 denkmalpflegerisch restauriert worden. Im Vordergrund ist das wenige Monate später zerstörte und nicht wieder aufgebaute spätgotische Bibliotheksgebäude des Klosters zu sehen. Am rechten Bildrand erkennt man das Gebäude der Gebr. Richters Verlagsanstalt in der Johannesstraße und wenige Häuser nördlich davon das Alhambra-Kino. Dahinter ist das langgestreckte Dach des 1926 von Stadtbauoberrat Johannes Klaß errichteten Spitals zu sehen, dahinter, leicht versetzt, das Augusta-Victoria-Stift.

Ein kleiner Rechtsschwenk der Kamera brachte die Häuser der Comthurgasse und der Gotthardtstraße in den Blick, im Mittelgrund sieht man auch einige Gebäude in der Schottenstraße. Nahe dem rechten Rand erheben sich die hohen Fabrikgebäude in der Schottenstraße, unmittelbar am Bildrand ist ein Teil des Schottenschulgebäudes zu erkennen. Im Hintergrund rechts die Kuppel der Sternwarte der Oberrealschule, daneben die unübersehbaren Baulichkeiten des Elektrizitätswerks.

Auch diese Aufnahme in die Hügelgasse hinein ist am 4. September 1944 gefertigt worden. In der Mitte sieht man die Anlagen der Gärtnerei Heinemann, rechts davon die Kreuzung der Hügelgasse mit der Waldengasse bzw. mit der diese westwärts verlängernden Weidengasse. Die Hügelgasse stößt dann im rechten Winkel auf die Huttenstraße. Im vorderen linken Eck schieben sich ein kleiner Teil der Kunstgewerbeschule und ein größerer der Hügelschule vors Auge. Im Hintergrund sind Dach und Neurenaissance-Giebel der Baugewerkschule in der Schlüterstraße, am rechten Bildrand der Turm der Lutherkirche zu erkennen.

Der Blick über den Breitstrom hinweg stadteinwärts ließ Aderhold die Michaeliskirche, das Collegium maius samt seinem Hintergebäude und das benachbarte Haus zur Arche Noaeh (Michaelisstraße 38) ins Bild bringen. Predigerkirche, Thomaskirchturm, Paulsturm, Cruciskirchturm und Allerheiligenkirchturm rahmen das Bild im Hintergrund. ►

Nach Nordwesten richtete Aderhold die Kamera bei dieser Aufnahme, die über die Waldengasse (heute Waldenstraße) und Häuser in der Johannesstraße – von denen man nur die Rückseiten sieht – hinweg auf die Malzfabriken Langensalza und Wolff Söhne Erfurt am Kochlöffel geht.

Der südöstlich auf die Weimarische Straße gerichtete Blick brachte das Dächergewirr zwischen Comthurgasse und Krämerbrücke mit den Häusern in der Taubengasse, der Schildgasse, der Hütergasse, der Horngasse und der Gotthardtstraße in den Vordergrund. Nach hinten reicht der Blick bis zum Wasserturm in der Weimarischen Straße, der erst 1985 gefallen ist, bis zum Warenhaus „Römischer Kaiser“ am Ostende des Angers, bis zur Regler- und zur Lorenzkirche. Das im Vordergrund zu sehende Haus mit dem dunklen Dach und den drei Schornsteinen ist der Komturhof. Das hohe zweistufige Dach unterhalb des Kaufhauses gehört zum Haus Futterstraße 13 (Zum Gekrönten Löwen und Kleinen Wachsberge).

PAULSTURM

Spätestens 1216 war die Paulskirche an der Kleinen Arche Pfarrkirche. 1465 wurde der heute bestehende Kirchturm errichtet, 1469 ein Neubau der Kirche ausgeführt. In der Reformationszeit wurden Kirche und Pfarrsprengel der neu gebildeten evangelischen Predigergemeinde angeschlossen. 1736 zerstörte ein Brand die Kirche. 1737 wurde der Turm wiederhergestellt und dabei um ein Stockwerk erhöht. Er dient der Predigerkirche heute als Glockenturm. Die Aufnahme stammt aus dem Jahre 1947.

Die Aufnahme vom 12. August 1944 bringt Häuser der Großen Arche in den Vordergrund. Im Quartier erblickt man den Waidspeicher, der heute als Teil des Naturkundemuseums genutzt wird. Der Blick verliert sich im Hintergrund im Gebiet der Hungerbachsiedlung und der Marbacher Flur.

1944 – das genaue Datum ist nicht bekannt – richtete Georg Aderhold seine Kamera vom Paulsturm in die „Kette", die Kettenstraße, hinein auf den Domberg mit seinen zwei Kirchen. Dabei kam im Vordergrund auch die „Endleich" genannte Einmündung der Paulstraße in die Lange Brücke in den Blick. Links im Hintergrund erhebt sich der Turm der Martinikirche im Brühl. Auf dem Eckhaus Domstraße/Stiftsgasse ist noch die Kuppel des von Sanitätsrat Dr. Hendloff um 1900 dort eingerichteten Observatoriums zu erkennen. Die Kuppel hat mindestens bis in die 60er-Jahre des 20. Jahrhunderts bestanden.

Den Vordergrund dieser am selben Tage gefertigten Aufnahme bilden die Stelle, an der Große Arche und Kleine Arche zusammenstoßen, und das dort befindliche, heute als Standesamt genutzte Haus zum Sonneborn. Am rechten Rand sieht man Dach und Giebel der Magdalenenkapelle sowie Turm und Schiff der Allerheiligenkirche. Im Hintergrund, noch rechts vom Kirchturm, erhebt sich das Dach des Großen Ackerhofs. Das große Gebäude mit Walmdach zwischen Andreaskirchturm und Allerheiligenturm ist das kurz vor dem Ersten Weltkrieg als Haferspeicher erbaute Gebäude Große Ackerhofsgasse 14, das heute als Teil eines Pflegeheims genutzt wird. Am linken Rand ist ein Teil des Landgerichtsgebäudes zu sehen. Im Hintergrund wird der Übergang von der weitgehend zweigeschossigen Bebauung des alten Stadtkerns zur mehrgeschossigen, ab etwa 1900 entstandenen Wohnbebauung im ehemaligen Festungsvorfeld sehr deutlich.

In der Aufnahme vom 12. August 1944 stellte der 1934/35 entstandene Sparkassenanbau am Fischmarkt den Blickfang dar. Noch trägt dieser die von der Malerin Luise Klempt geschaffenen, auf Industrie, Gartenbau und kulturelle Leistungen hinweisenden Darstellungen. Im Vordergrund verläuft die Predigerstraße, die auf das Textilgeschäft von Jacobskötter zuführt. Das Pfarrhaus der Predigergemeinde mit seinem zweigliedrigen Walmdach und den zahlreichen Gaupen bildet vorn rechts, das Gildehaus im Vordergrund links und der Johannesturm im Hintergrund links die Begrenzung des Ausschnitts. Am rechten Rand sieht man am Haus Rathausgasse 5 einen Erker. Es ist die sogenannte Bellermannsche Sternwarte. Kurze Zeit später wurde das Gebäude zerstört.

Im Vordergrund der Aufnahme stehen die rückwärtigen Teile des Ratskellers, die einen großen Festsaal enthielten. Diese Bauten wurden erst 1994 abgebrochen. Den rechten Rand stellt der Giebel des Hauses Fischmarkt 11 dar, den linken Rand im Vordergrund der Dachreiter der Magdalenenkapelle und im Mittelgrund der Georgsturm. Im Hintergrund sind in der Mitte die Hügelschule, die Kunstgewerbeschule und der Turm der Lutherkirche zu sehen, am Horizont die Erhebung des Roten Berges. Michaeliskirche und Nikolaiturm bestimmen die rechte Bildhälfte. Im Übrigen macht diese Aufnahme wie andere deutlich, wie stark die dichte Dachlandschaft durch Bäume aufgelockert war.

PREDIGERKIRCHE

Ein zunächst aus vier Mönchen bestehender Konvent von Dominikanern (Predigern) siedelte sich 1228/29 in der Nähe der Paulskirche an. 1238 wurde an der Stelle der heutigen Kirche eine erste steinerne Klosterkirche geweiht. Bald wurde der Bau einer neuen Kirche in Angriff genommen. 1273 war der Chor vollendet, etwa 1380 war das Langhaus im Wesentlichen fertiggestellt. Erst im 15. Jahrhunderts erfolgte dessen Einwölbung. 1447 bis 1488 wurde der Glockenturm errichtet. In der Reformationszeit starb der Konvent aus, die Kirche war schon 1525 evangelische Pfarrkirche geworden. Die Aufnahme entstand im Jahre 1993.

Am 27. August 1944 richtete Georg Aderhold seine Kamera vom Glockenturm der Predigerkirche über den First der Kirche hinweg auf den Petersberg. Auf dem Berg, den damals ein reicher Baumbestand auszeichnete, waren vor allem das Kommandantenhaus und die Peterskirche zu erkennen. Das vom Dachfirst angeschnittene Gebäude mit der sechsfenstrigen Dachgaupe ist das Haus Kleine Arche 1. Die Magdalenenkapelle ist im vorderen rechten Eck zu sehen. Im Mittelpunkt der Aufnahme steht das mit drei Gaupenreihen versehene Speichergebäude, das heutige Puppentheater.

Ein kleiner Rechtsschwenk der Kamera brachte auch die rückwärtigen Teile der Schule in der Marktstraße, den Ratskellersaal, die Defensionskaserne und die heute verschwundene Ersatzkaserne 4 am Nordhang des Petersbergs in den Blick.

REGLERKIRCHE

Vor 1137, vielleicht 1135, gründeten Augustinerchorherren ein Kapitel, das auch ein Spital unterhielt. Wohl schon im 12. Jahrhundert entstand eine romanische Kirche für das Stift. Von ihr sind nur wenige Teile erhalten. 1291 zerstörte ein Brand die Kirche, nur die Doppelturmfassade und die Türme überstanden ihn. Das heutige Langhaus und der Chor stammen aus dem 14. Jahrhundert. Der Nordturm wurde 1743 neu errichtet. Das Stift, dessen Kirche spätestens seit 1326 auch eine der Pfarrkirchen der Stadt war, überlebte die Reformation nicht. 1525 bildete sich eine evangelische Gemeinde um die Kirche. Das Foto wurde um 1920 aufgenommen.

Die nach Osten gerichtete Kamera Georg Aderholds erfasste am 24. September 1944 den Garten des Ursulinenklosters und den Bau der Schule der Ursulinen. Er war dem Kloster damals jedoch entzogen und wurde als Gebäude der staatlichen Goetheschule für Mädchen genutzt. Am linken Bildrand sieht man die Humboldt-Oberrealschule am Krämpferring, am rechten Rand sind im Hintergrund die Einrichtungen des Gaswerks zu erkennen.

Ein Linksschwenk der Kamera brachte weitere Baulichkeiten des Ursulinenklosters ins Bild. Im linken Bereich scheinen Spuren der Zerstörungen zu erkennen zu sein, die bei dem Bombenangriff vom 20. Juli 1944 entstanden waren und die vor allem die Klosterkirche betroffen hatten. Diese ist auf dem Foto jedoch nicht mehr zu sehen.

Über den First der Reglerkirche hinweg nahm Aderhold einen Seitenflügel des Postscheckamtes am Reglerring (heute Juri-Gagarin-Ring) in den Blickpunkt. Am rechten Bildrand ist das Hauptzollamt mit seinen charakteristischen Dachgiebeln zu sehen, dahinter das durch einen Reiter ausgezeichnete Dach der damaligen Wache der städtischen Feuerwehr. Das oberste Geschoss des breiten Backsteinbaus der Neuerbeschule ist am linken Bildrand zu erkennen.

Die Eisenwarenhandlung Kämmerer und Ernst stand an der Ecke von Bahnhofstraße und Gartenstraße. Das Gebäude ist erst 1991 abgebrochen worden, das Grundstück wurde mit einem Bankgebäude bebaut. Auf der gegenüberliegenden Seite der Gartenstraße befindet sich der Backsteinbau der Reichsbahnschule. Das Haus war 1870 als Volksschulgebäude errichtet, doch 1883 an die preußische Bahnverwaltung verkauft worden. Im rechten oberen Eck ist, angeschnitten, das Hotel Gaedke zu erkennen. Es wurde 1989 abgebrochen.

Die dichte Bebauung des Quartiers zwischen Reglerkirche, Bahnhofstraße (damals Adolf-Hitler-Straße) und Anger lässt dieses von Aderhold ebenfalls am 24. September 1944 gefertigte Foto erkennen. Zahlreiche Türme rahmen das Bild: der Turm der Lorenzkirche, der Nikolaiturm, der Ägidienturm, der Glockenturm der Augustinerkirche, der Turm der Hauptpost, der Turm der Schottenkirche, der Johannesturm und der Lutherkirchturm.

Die Fortsetzung der dichten Quartierbebauung macht diese Aufnahme deutlich, deren Zielpunkt das Kaufhaus „Römischer Kaiser“ ist. Nahe dem rechten Bildrand ragt ein Giebel der am 20. Juli 1944 zerstörten und ausgebrannten Ursulinenklosterkirche empor. Am linken Rand erkennt man die Kaufmannskirche.

SCHOTTENKIRCHE

Wohl 1136 siedelte sich ein Konvent von „Schotten“ (Iren), nach der Benediktinerregel lebende Mönche aus Irland, in Erfurt an. Ab 1518 setzte sich der Konvent aus Schotten zusammen. Der Kirchenbau stammt im Kern noch aus dem Mittelalter. Nach dem Stadtbrand von 1472 wurden der Chor und der südliche Turm neu errichtet; der vernichtete Nordturm wurde nicht wieder aufgebaut. In der Barockzeit blendete man eine barocke Fassade vor. Das Kloster wurde 1820 aufgehoben. 1744 war die Pfarrei St. Nikolai dem Schottenkloster inkorporiert, die Pfarrrechte der Nikolaikirche waren mit der Klosterkirche St. Jakob verbunden worden. Seit 2012 ist sie Filialkirche der katholischen Lorenzgemeinde. Die Aufnahme von 1950 ist aus der Schottengasse heraus auf die Kirche gerichtet. Angeschnitten ist rechts vom Kircheneingang das Pfarrhaus zu sehen.

Am 24. August 1944 fotografierte Georg Aderhold vom Turm der Schottenkirche aus in Richtung des Domberges. Dabei kamen links die Krämerbrücke, die Hinterseiten der Häuser Futterstraße 12 (Haus zum Würzgarten), Wenigemarkt 7, 6 (noch heute ein Juweliergeschäft) und 5 (Haus mit Walmdach, heute eine Gaststätte) sowie im Vordergrund die Hinterseiten der Häuser Gotthardtstraße 27 (Eckhaus zur Schottengasse sowie Gasthaus „Zum Alten Schwan") bis 30 ins Bild.

Ein leichter Rechtsschwenk der Kamera brachte die Rückseite des an der Ecke von Gotthardtstraße und Schottengasse stehenden Gebäudes ins Bild – es ist erst 1994 abgebrochen worden – sowie an der nördlichen Seite der Schottengasse stehende Häuser. Hier hat der erst vor wenigen Jahren vorgenommene Abbruch eines der Häuschen das Erscheinungsbild der Zeile beeinträchtigt. Die auf der westlichen Seite der Gotthardtstraße stehenden Häuser, die dichte Bebauung des Dämmchens und die Flussbebauung auf der linken Seite des Breitstroms sind durch Abbruch beseitigt worden.

Gleichzeitig entstand diese Aufnahme, die die Fabrikgebäude in der Schottenstraße in den Blickpunkt nimmt. Im Vordergrund ist ein Teil des Daches der Schottenschule zu sehen. Im Hintergrund links erkennt man die Kunstgewerbe- und die Hügelschule. In der Mitte befindet sich der weite Komplex des Augustinerklosters. Noch stehen die Waidhäuser an der Comthurgasse und das mächtige spätgotische Bibliotheksgebäude. Der Giebel des Martinsstifts mit den neugotischen Fialen hebt sich deutlich ab.

Durch einen Rechtsschwenk der Kamera nahm Aderhold den Knick im Verlauf der Gotthardtstraße ins Visier. Der Blick geht aber weiter nordwärts – über die Gotthardtstraße und die Augustinerstraße hinweg bis zu der durch ihre Giebeln sich deutlich abzeichnenden Andreasschule in der Talstraße und zum Malzwerk am Kochlöffel. An der Außenseite des Straßenknicks befindet sich heute nicht mehr die dichte Bebauung, sondern eine große Parkfläche.

Ein weiterer Rechtsschwenk brachte einen Teil der Rückseite der Schottenschule sowie die Häuser Schottenstraße 8 bis 10 ins Bild. Im Mittelgrund stößt der Blick auf den Johannesturm und Gebäude in der Franckestraße sowie im Hintergrund rechts auf Häuser in der Göbenstraße (heute ein Teil der Stauffenbergallee).

SEVERIKIRCHE

Die Ursprünge der Severikirche liegen im 9. Jahrhundert. Für die Zeit bis zum 12. Jahrhundert liegen nur wenige gesicherte Angaben vor. Die erste urkundliche Erwähnung eines an der Kirche angesiedelten Chorherrenstifts stammt aus dem Jahre 1121, doch ist das Stift sicherlich viel älter. Die Stiftskirche war spätestens seit dem 13. Jahrhundert auch Pfarrkirche. Der heutige Kirchenbau wurde 1276 begonnen und war etwa 1370 vollendet. Das Stiftskapitel wurde 1803 aufgehoben. Die Aufnahme wurde von der Höhe des Allerheiligenturms gemacht und stammt aus dem Jahre 1943.

1892 entstand von einem der Türme der Severikirche herab diese Aufnahme eines Teils der Zitadelle Petersberg. In der Mitte sieht man das zwischen der Bastion Kilian und der Bastion Leonhard liegende Kommandantenhaus, links davon den langgestreckten Bau der Kaserne A. Der dahinter liegende, bis an den linken Bildrand reichende Bau ist das ehemalige Wagenhaus Nr. 8. Heute steht das Bundesarbeitsgericht an dieser Stelle.

Durch eine leichte Wendung brachte der Fotograf neben dem Kommandantenhaus einen Teil der Defensionskaserne ins Bild. Die 165 Meter lange Kaserne war in den Jahren 1828 bis 1831 erbaut worden.

THOMASKIRCHE

Die Thomaskirche in der Löberstraße gehörte zu den alten Pfarrkirchen der Stadt. In der Reformationszeit wurde sie evangelische Pfarrkirche. Im Zuge der Bebauung des Löberfeldes entstand in den Jahren 1900 bis 1902 nach Plänen von W. Hillebrand in der Schillerstraße eine neue Thomaskirche mit einem 70 Meter hohen Turm. Der Kirchenbau in der Löberstraße wurde 1902 abgebrochen. Die schweren Zerstörungen, die am 31. März 1945 ein Bombenangriff verursacht hatte, wurden bis 1950 im Wesentlichen beseitigt, der Innenraum wurde dabei vereinfacht. Die Aufnahme stammt aus den Jahren um 1908. Noch war die Anlage an der Ecke zur Viktoriastraße (heute Puschkinstraße) nicht entstanden. Das sich in östlicher Richtung an die Kirche anschließende Haus ist 1945 zerstört worden. Dort befindet sich heute eine Parkfläche. Der Kirche gegenüber ist das 1896 bezogene Gebäude des Königlichen Gymnasiums zu erkennen.

Am 13. Mai 1944 fotografierte Georg Aderhold über das Dach der Thomaskirche hinweg in Richtung der Neuwerkskirche, des Doms und des Petersbergs. Im Vordergrund, etwa in der Mitte, erkennt man die barocke Fassade der Kirche des Kartäuserklosters. Die ehemaligen Klosterbaulichkeiten schließen sich ostwärts an. Die Ziellinie der Kamera folgt recht genau dem Zug der Hopfengasse ab der Stelle, an der sie auf die Kartäuserstraße trifft. Zwischen der Hopfengasse und der Viktoriastraße (heute Puschkinstraße) erheben sich die Gebäude des Katholischen Krankenhauses. Rechts vom Neuwerkskirchturm erkennt man die kleine Kuppel des Weinreiter-Gebäudes.

Ein leichter Linksschwenk der Kamera setzte das Katholische Krankenhaus in den Mittelpunkt des Bildes. Darüber hinaus brachte Aderhold die Kreuzung der Kartäuserstraße und der Viktoriastraße ins Foto. Mehr ahnt man hinter den Bäumen den Zug des Dalbergswegs, als dass man ihn sieht. Deutlich sichtbar jedoch erhebt sich nahe dem linken Bildrand der Bau des Stadttheaters.

Der Blick des Fotografen Georg Aderhold ging über ein in der Schillerstraße stehendes Gebäude hinweg auf die Rückseiten von Häusern in der Sophienstraße (heute Heinrich-Mann-Straße) und auf Häuser in der Goethestraße. Der Beethovenplatz zwischen dem 1929 errichteten Gebäude der Reichspostdirektion (heute Gebäude des Landwirtschaftsministeriums) und dem nach Plänen von Wilhelm Pook für die Preußische Regierung zu Erfurt an der Hindenburgstraße (heute Arnstädter Straße) errichteten und 1939 fertiggestellten Gebäude (heute Thüringer Landtag) macht etwa die Mitte des Fotos aus. Am rechten Bildrand sieht man den 1930 bezogenen Bau des Staatlichen Realgymnasiums zur Himmelspforte.

Zielpunkt ist hier der Hopfenberg und die auf diesen zuführende Viktoriastraße bzw. im südlichen Teil die Lessingstraße. Das 1937/38 im Zuge einer einheitlichen Planung, die auch das – hier nicht sichtbare – Oval südlich des Gebäudes einschloss, nach Plänen von Bärwolf errichtete Parkkaffee ist durch eine Baumgruppe verdeckt. In der linken Bildhälfte geht der Blick über die Goethestraße, die Herderstraße und die Rückertstraße hinweg. Im Hintergrund wird deutlich, dass das Gebiet westlich der Rankestraße damals, 1944, noch nicht bebaut war. Am linken Bildrand erkennt man die Thüringenhalle, rechts davon das Schützenhaus, dann die Schuhfabrik von Lingel.

WIGBERTKIRCHE

Die Wigbertkirche wurde 1210 als Kapelle erwähnt, spätestens 1225 war sie Pfarrkirche. Das heutige Gebäude stammt zur Gänze aus dem 15. Jahrhundert. 1409 wurde mit dem Bau des Turms begonnen, 1472 mit der das Baugeschehen abschließenden Errichtung des Chors. Als der Augustinereremitenorden nach Erfurt zurückkehrte, erwarb er 1651 den nördlich der Kirche gelegenen Valentinerhof. Der Konvent baute ihn zu einem Klosterbau um. 1668 wurde die Wigbertkirche dem Konvent inkorporiert. Die Kirche blieb Pfarrkirche und wurde zusätzlich Klosterkirche. Die Pfarrseelsorge übte nun stets ein Augustinermönch aus. 1822 wurde der Konvent aufgehoben. Die Kirche ist noch heute katholische Pfarrkirche. Die Aufnahme stammt aus dem Jahre 1895.

Am 19. April 1944 entstand diese Aufnahme vom Turm der Wigbertkirche herab. Georg Aderhold hatte seine Kamera über das Dacherödensche Haus (Luciushaus), das Hirschlachufer, die Gartenstraße und den Löberring hinweg auf die Reichsbahndirektion gerichtet. Das am linken Bildrand zu sehende Haus mit dem Fachwerkgiebel ist das am Eingang zur Großen Engengasse stehende, noch heute vorhandene Gebäude.

Auf die kleinteilige Bebauung, die den Hirschgarten damals westlich begrenzte, war die Kamera in diesem am selben Tage gefertigten Foto gerichtet. Die Häuser an der Regenbogen- und der Eichengasse (heute Eichenstraße) sind erst 1985 abgebrochen worden und der Großteil der Häuser zwischen Eichengasse und Lilienstraße 1986. Das Regierungsgebäude begrenzt das Bild rechts. Dahinter erkennt man das Haus zum Vierherrn, das Gebäude der Ressource, das Luise-Mücke-Stift und das Katholische Waisenhaus. Am stadteinwärts liegenden Hang des Cyriaksbergs steht die Festge-Villa. Im Hintergrund zwischen dem Turm der Neuwerkskirche und dem Katholischen Waisenhaus erhebt sich der Turm der Christuskirche an der Tettaustraße.

Am 2. Oktober 1944 richtete Georg Aderhold auch auf das kleine Quartier zwischen der Barfüßerstraße und der Grafengasse mit seiner dichten Innenbebauung seinen Blick. Langhaus und Chor der Barfüßerkirche ragen von links in das Bild. Den Hintergrund bestimmen die Barfüßerschule, der Nikolaiturm und der Ägidienturm.

Anderthalb Monate später, am 3. Dezember 1944, erblickte das Auge des Fotografen an derselben Stelle den Gräuel der Verwüstung. Der Bombenangriff vom 26. November 1944 hatte die Häuser zerstört und die Kirche zur Ruine gemacht.

Buchhinweise

Erfurt 1945 bis 1980

Rudolf Benl, Christine Riesterer, Kerstin Richter

978-3-89702-789-3 | 17,90 €

Erfurt

Die schönsten Seiten – At its best – Les plus belles facettes

Ulrich Seidel

978-3-86680-710-5 | 14,90 €

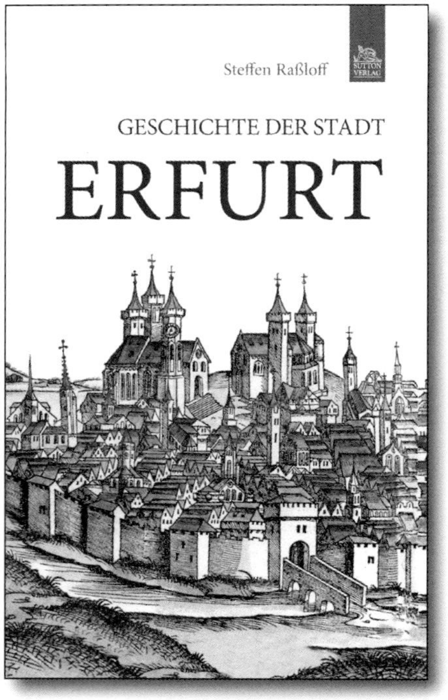

Geschichte der Stadt **Erfurt**

Steffen Raßloff

978-3-95400-044-9 | 12,95 €